Bernhard Scholz

"Wollüstig saugend an des Grauens Süße"

Bilder zu Gedichten der Droste

herausgegeben von

Ulrich Wollheim

rüschhaus verlag
Münster 1994

rv

Die Drucklegung des Buches förderten:

SPARKASSE HÖXTER mit Sitz in Brakel
BÖKERHOF-GESELLSCHAFT

Die Bilder wurden in folgenden Ausstellungen präsentiert:

STADT BILLERBECK
Kulturzentrum der Stadt Billerbeck
15. September - 30. September 1993

FACHHOCHSCHULE FÜR DESIGN, MÜNSTER
Torhaus-Galerie
26. Januar - 23. Februar 1994

BÖKERHOF-GESELLSCHAFT, SPARKASSE HÖXTER
in Verbindung mit der Annette von Droste-Gesellschaft, Münster
Sparkasse Höxter mit Sitz in Brakel
20. März - 18. April 1994

© 1994 by rüschhaus verlag, Münster. Für die Beiträge bei den Autoren bzw. den Urheberrechtsinhabern. Nachdruck auch in Auszügen sowie Veröffentlichung in Printmedien, Funk und Fernsehen nur mit schriftlicher Genehmigung der Rechtsinhaber. Für die Gedichte Annette von Droste-Hülshoffs: Droste-Hülshoff, Annette von: Historisch-kritische Ausgabe: Werke, Briefwechsel /Annette von Droste-Hülshoff. Hrsg. von Winfried Woesler. - Tübingen: Niemeyer.

Redaktion
Anette Wohlgemuth

Fotografien
Wolfgang Troschke, Christoph Preker (Porträt), Münster

Realisation
Sparkasse Höxter, rüschhaus verlag

Titelabbildung
Das Fräulein von Rodenschild,
das Zitat stammt aus dem Droste-Gedicht *Der Hünenstein*

Satz/Layout
rüschhaus verlag, Bernhard Scholz

Gesamtherstellung
Druckhaus Ortmeier, Saerbeck
ISBN 3-931039-03-X

BERNHARD SCHOLZ

Wollüstig saugend an des Grauens Süße
Bilder zu Gedichten der Droste

7 Vorwort

8 Bernhard Scholz´ künstlerische Auseinandersetzung mit dem Werk der Droste
Anette Wohlgemuth

13 Bildteil

33 Gedichte der Annette von Droste-Hülshoff

79 Bildteil

106 Bernhard Scholz. Biographisches, Ausstellungen

107 Verzeichnis der Abbildungen

109 Alphabetisches Verzeichnis der Gedichtüberschriften und Gedichtanfänge

110 Alphabetisches Verzeichnis der Bilder

Liebe Gudrun! Sept. 98
Es geht mir nicht schlecht, aber
wenn ich an Dich denke, geht's mir
noch besser
Bernhard

Vorwort

Annette von Droste-Hülshoff, zu ihren Lebzeiten oft verkannt, zählt heute zu den bekanntesten deutschsprachigen Autorinnen. Ihr Werk ist deutlich geprägt von den Stationen ihres Lebens. Die Dichterin, die einem altwestfälischen Geschlecht entstammt, ist in dem Wasserschloß Hülshoff in Havixbeck bei Münster geboren. Nach dem Tod des Vaters im Jahr 1826 siedelte sie über auf den Witwensitz der Mutter, in das Rüschhaus bei Nienberge. Doch auch die Region Ostwestfalens beeinflußte Leben und Werk der Autorin. Unweit von Bökerhof und Abbenburg liegt das Dorf Bellersen (Kreis Höxter), in dem Annette von Droste-Hülshoff wiederholt weilte. Vor dem Hintergrund einer realen Begebenheit konzipierte die Droste ihre *Judenbuche, ein Sittengemälde aus dem gebirgigten Westphalen*. Diese Erzählung war der bedeutendste literarische Niederschlag ihres Aufenthaltes im Paderborner Land. Vollendet wurde sie im Frühjahr 1840 im Rüschhaus. In den vierziger Jahren weilte sie mehrfach auf Schloß Meersburg am Bodensee.

Es ist gerade das Haus Rüschhaus der genius loci, der den westfälischen Maler, Zeichner und Graphiker Bernhard Scholz küstlerisch inspirierte. Ein letzter Anstoß, sich vollends auf die Drostesche Bahn zu begeben. Er wagte sich in seiner Auseinandersetzung mit dem Werk der Droste auf ein desiderates Terrain, das bisher wenige bildende Künstler für sich entdecken konnten.

Man kann in den vorliegenden Graphiken von Bernhard Scholz eine versteckte Nähe zum Naturalismus nachempfinden, trotz graphischer Strenge und partieller Genauigkeit der Zeichnungen. Bedeutender ist aber wohl, daß der Künstler mit seinen Bildern die Aufhebung einer anderen Grenze vornimmt: der Grenze des geordneten, sittsamen, rational erschlossenen und verwalteten Lebens zu eigener Realität und Fiktion. Nicht mehr trennen zu können zwischen kontrollierter, zumindest kontrollierbarer Realität und dem Ausgeliefertsein an die Poesiebilder der Dichterin, die auch nicht ausschließlich der Kontrolle des disziplinierten Verstandes unterlag, war dabei ein den Künstler begleitendes Verhältnis.

Meine Lieder werden leben, mit diesem Vers, der einem Gedicht des *Geistlichen Jahres* entstammt, sprach Annette von Droste-Hülshoff 1820 ihr dichterisches Selbstbewußtsein aus. Sie sollte mit ihrer Annahme recht behalten. Es ist dieses selbstbewußte Verlangen, auf das der Künstler Bernhard Scholz rekurriert, mit dem Annette von Droste-Hülshoff auch gegenüber Lesern und Rezipienten des späten 20. Jahrhunderts darauf besteht: *aber nach hundert Jahren möcht ich gelesen werden*; sicher ist es die spannende Aktualität ihres Œuvres, die es uns vorstellbar macht, dieser Aufforderung einer Frau und Dichterin des 19. Jahrhunderts heute noch und wieder nachzukommen.

Der hier vorgelegte Werkkatalog umfaßt vierzig Graphiken von Bernhard Scholz und neunundzwanzig Gedichte und Balladen Annette von Droste-Hülshoffs und versucht, in den Kunstwerken, dichterische Elemente und Naturszenerien aus dem Zusammenhang des lyrischen Werkes einer Frau und Dichterin des 19. Jahrhunderts post annos wiederzufinden. Sie visualisieren nicht nur künstlerisches Erleben, sondern versuchen, die Poetik einer in manchen Aspekten noch unbekannten Person und ihres Werkes in dem Medium der Kunst zu interpretieren und dadurch für Betrachter und Leser erfahrbarer werden zu lassen.

Dank gilt den Institutionen, die die bisherigen Ausstellungen ermöglichten, vor allen der Sparkasse Höxter mit Sitz in Brakel, sowie den Mitarbeitern dieses Bandes Professor Marianne und Hans Schartner, Christina und Bernhard Scholz, Jutta Wollheim und besonders Dr. Anette Wohlgemuth, Münster, die diesen Band auch redaktionell betreut hat. Ein außerordentlicher Dank geht an den Vorsitzenden des Vorstandes der Sparkasse Höxter, Herrn Sparkassendirektor Wolf Gramatke, dem dieser Werkkatalog gewidmet ist. Für die Ermöglichung des Druckes danke ich der Bökerhof-Gesellschaft e.V. und der Sparkasse Höxter mit Sitz in Brakel.

Münster, im November 1994 *Ulrich Wollheim*

Bernhard Scholz´ künstlerische Auseinandersetzung mit dem Werk der Droste

Die Beschäftigung des bildenden Künstlers Bernhard Scholz aus Billerbeck in Westfalen mit dem Werk Annette von Droste-Hülshoffs, einer der bedeutendsten deutschsprachigen Dichterinnen, die von sich ebenfalls behauptete *ein Stockwestphale* zu sein, kennzeichnet ein Vorhaben, auf das sich bisher wenige zeitgenössische Künstler eingelassen haben. Bernhard Scholz, der einer alteingesessenen Münsteraner Familie entstammt, war schon in seiner Kindheit auf disparate Weise mit der Person Annette von Droste-Hülshoffs konfrontiert worden. So war etwa der Hügel unterhalb des Droste-Denkmals an der Kreuzschanze in der Stadt Münster Aufenthaltsort seiner Jugendzeit, wo der spätere Künstler schon damals die Dichterin als stumme Beobachterin vergegenwärtigte. Das Interesse an der Autorin wurde durch ihre "Spukgeschichten" intensiviert, die der Vater des Künstlers seinen Kindern sonntags zu erzählen wußte. Die bereits hier geweckte Sensibilität für die Poetin sollte Voraussetzung für das hier erstmals publizierte Œuvre des Künstlers werden.

Nach seiner dreijährigen Lehre als Schriftsetzer, notwendige Voraussetzung um die Werkkunstschule in Münster (die heutige Fachhochschule für Kunst und Design) besuchen zu können, hatte Bernhard Scholz während seiner Ausbildung zum Graphiker die Möglichkeit, zum einen sein zeichnerisches Können in bezug auf Schrift und Bild zu schulen, zum anderen das Buch als Gesamtkunstwerk zu verstehen. Eine vorgegebene Entwicklung seiner schon im frühen Kindesalter entdeckten Begabung zu bildhaftem Denken, sich das Gelesene zu visualisieren, "das wohl einzige, was ich wirklich gut konnte" wie er sich selbst gern ironisch zitiert.

Das starke künstlerische Reagieren auf Literatur ist ein Schwerpunkt in Bernhard Scholz´ Arbeiten. Die ersten Graphiken entstanden zu griechischen Heldensagen, im folgenden ließ sich der Künstler von Grimmelshausen "Simplicius Simplicissimus" inspirieren. Ein nächster Schritt der Schaffensphase war die Rückbesinnung auf eigene Wurzeln: die Stadt Münster, die westfälische Landschaft. Innerhalb dieser konzentrischen Kreise stieß er zunächst - nach Studium historischer und zeitgenössischer Publikationen - auf die Zeit der Wiedertäufer. In enger örtlicher Gebundenheit siedelte er die Szenen bühnenhaft vor der Kulisse des alten Prinzipalmarktes an.

Über die geographische Umgebung begegnete Bernhard Scholz 1983 dann erneut Annette von Droste-Hülshoff, der alten Vertrauten. Bei Spaziergängen zum Haus Rüschhaus, entdeckte er den alten Garten, ließ sich von Stimmungen inspirieren, befaßte sich intensiv mit Lyrik, Prosa und Briefen der Autorin und suchte zunächst, diese neue Sicht der Droste in Ölgemälden einzufangen, in denen er die Dichterin selbst und ihr bekanntestes Prosastück, die *Judenbuche*, thematisierte. Es war aber nur eine erste künstlerische Annäherung, ein "Liebäugeln", dessen Ergebnisse den Künstler nicht befriedigen konnten. Seine Faszination für die Person und das Werk Annette von Droste Hülshoffs verlor deshalb nichts von ihrer Intensität, und so war es Bernhard Scholz geradezu ein innerer Wunsch sich im Jahr 1991 erneut der Dichterin künstlerisch zu nähern.

Diesmal beschritt der Künstler neue Wege und versuchte, mit einer auch für ihn innovativen Technik, ihr literarisches Œuvre zu visualisieren. Bernhard Scholz entschied sich jetzt für eine graphische Umsetzung, die malerischen Ölfarben erschienen ihm zu schwer für das leichte, zeichnerische Wesen der Droste. Die in den letzten beiden Jahren erarbeiteten Graphiken zum Werk der Droste, von denen vierzig in diesem Buch veröffentlicht werden, sind mit Bleistift, Ölkreide und Aquarellfarben ausgeführt worden. Dabei grundierte Bernhard Scholz zuerst den Zeichenkarton vollständig mit einer Ölkreide in einem milchigweißen Ton. Auf diese Weise erhielt der Künstler einen weichen, leicht zu bearbeitenden Untergrund, Bleistift und farbige Ölkreiden konnten gleichermaßen malerisch geführt werden. Zusätzlich setzte er Aquarellfarben ein, die er über die Ölkreiden auftrug. Das auf dem fettigen Untergrund abperlende Wasser wurde mit einem Tuch vorsichtig wieder abgenommen, so daß sich lediglich die Farbpigmente der Wasserfarben mit den Ölkreiden vermischten. Mit Hilfe dieser Technik gewann Bernhard Scholz Farbeffekte und interessante Schattierungen, deren Stimmungsgehalt er wirkungsvoll einzusetzen vermochte. Dabei läßt der Graphiker bewußt die Zeichnung dominieren, das Malerische wird eingeschränkt aber effektiv auf das Thema abgestimmt.

Nach einer formalästhetischen Betrachtung stellt sich die Frage nach der kunsthistorischen Einordnung der Scholzschen Graphiken. Ein auffallendes Charakteristikum der Arbeiten besteht in der Vielgestaltigkeit der Blätter. Der Künstler läßt sich bewußt nicht auf einen bestimmten Stil festlegen, hat sehr unterschiedliche Einflüsse in seinem Œuvre verarbeitet, was den Reiz, aber auch die Schwierigkeit beim Zugang zum Werk ausmacht. In einer Zeichnung zum SPIRITUS FAMILIARIS *des Roßtäuschers*, erinnern die expressive Bewegtheit der Pferde, sowie die Verklammerung von Mensch und Tier, es handelt sich auch hier um eine Graphik, an entsprechende Gemälde von Rubens. Eine andere Zeichnung zu derselben Ballade, mit der Figur im Vordergrund, der verschachtelten Perspektive der Häuser im Hintergrund und der Farbigkeit, assoziiert entsprechende Bilder Chagalls aus seiner Zeit in Witebsk. Wieder andere Blätter dagegen wie *Der Graue* oder besonders auch *Der Mutter Wiederkehr* lassen in bezug auf das Figurenrepertoire Zitate aus dem Werk Munchs entdecken.

Die anthropomorphen Gestalten wiederum, wie sie etwa zu dem Gedicht *Die Krähen* von Bernhard Scholz gewählt worden sind, haben wohl ihre Wurzeln in entsprechenden Karikaturen Grandvilles, dem großen französischen Karikaturisten des 19.Jahrhunderts, den später die surrealistische Kunstströmung zu einem ihrer künstlerischen Ahnen erklärte. Obwohl man sich bei dem Blatt zu den *Krähen* auch an einen der Hauptvertreter des Surrealismus, Max Ernst, erinnert fühlt, weist Bernhard Scholz entsprechende Einflüsse für sein Werk von sich.

Wie diese Analyse der Technik und Gestaltung deutlich macht, hat sich der Künstler auf sehr subjektive Weise den Werken der Droste genähert und bewußt versucht, keine sklavisch auf den Text bezogene Illustrationen anzufertigen, Text- und Bildteil sind in diesem Buch auch deshalb getrennt. Die unmittelbare Nähe der Dichterin, die Bernhard Scholz in seinem ländlichen Atelier einige Male physisch zu verspüren meinte, die "künstlerische Seelenverwandtschaft", lassen sich in seinen Graphiken wiederfinden. Auch hier erscheint die Dichterin fast durchgehend als präsente Beobachterin. Die Bilder sind offen gestaltet, überschnittene Randfiguren lassen das Geschehen über den tatsächlichen Bildrand hinaus vorstellbar erscheinen. Die klar strukturierte Komposition und die virtuose zeichnerische Qualität der Graphiken von Bernhard Scholz geben dem Betrachter die Möglichkeit sich in das Bild einzufinden. Die subtile Anordnung der Bildelemente, das Variieren von ruhenden, beobachtenden und expressiv handelnden Figuren, wobei sich der Künstler die Freiheit nimmt, auch satirische Überzeichnungen einfließen zu lassen, die atmosphärischen Farben und Schattierungen, erlauben ihm gleichzeitig, immer Neues entdecken und sowohl eigene als auch die Phantasie des Betrachters spielen zu lassen.

Bernhard Scholz gelingt es, mit seinen Zeichnungen dem Rezipienten ebensoviel Spielraum zu lassen -ähnlich wie es die Droste von ihren Lesern verlangte-, gleichwertig und nicht ergänzend Kunstwerk neben Gedicht (er-)stehen zu lassen. So kann es mit diesem Werkkatalog gelingen, dem Drostekenner sowie dem Kunstinteressierten eine gelungene Mischung aus Leselust und Kunstgenuß zu ermöglichen, die in jeder Hinsicht Platz für neue Aspekte zum Drostewerk läßt.

Anette Wohlgemuth

BILDTEIL

Die Jagd, 1993

Die Vogelhütte, 1993

Kinder am Ufer, 1993

Der Hünenstein, 1993

Der Hünenstein, 1993

Die Mergelgrube, 1993

Der Haidemann, 1993   Die Krähen, 1992 ⇨

Das Haus in der Haide, 1993

Die Schenke am See, 1993

Am Thurme, 1993

Im Moose, 1993

Am Bodensee, 1993

Brennende Liebe, 1993

Der kranke Aar, 1993

Neujahrsnacht, 1993

Der Theetisch, 1993

Der Tod des Erzbischofs Engelbert von Cöln, 1993

Der Tod des Erzbischofs Engelbert von Cöln, 1993

GEDICHTE DER ANNETTE VON DROSTE-HÜLSHOFF

Die Jagd

Die Luft hat schlafen sich gelegt,
Behaglich in das Moos gestreckt,
Kein Rispeln, das die Kräuter regt,
Kein Seufzer, der die Halme weckt.
Nur eine Wolke träumt mitunter,
Am blassen Horizont hinunter,
Dort, wo das Tannicht über'm Wall
Die dunkeln Candelabern streckt.
Da horch, ein Ruf, ein ferner Schall:
"Halloh! hoho!" so lang gezogen,
Man meint, die Klänge schlagen Wogen
Im Ginsterfeld, und wieder dort:
"Halloh! hoho!" - am Dickicht fort
Ein zögernd Echo, - alles still!
Man hört der Fliege Angstgeschrill
Im Mettennetz, den Fall der Beere,
Man hört im Kraut des Käfers Gang,
Und dann wie zieh'nder Kranichheere
Kling klang! von ihrer luft'gen Fähre,
Wie ferner Unkenruf: Kling! klang!
Ein Läuten das Gewäld entlang,
Hui schlüpft der Fuchs den Wall hinab -
Er gleitet durch die Binsenspeere,
Und zuckelt fürder seinen Trab:
Und aus dem Dickicht, weiß wie Flocken,
Nach stäuben die lebend'gen Glocken,
Radschlagend an des Dammes Hang;
Wie Aale schnellen sie vom Grund,
Und weiter, weiter, Fuchs und Hund.
Der schwankende Wachholder flüstert,
Die Binse rauscht, die Haide knistert,
Und stäubt Phalänen um die Meute.
Sie jappen, klaffen nach der Beute,
Schaumflocken sprühn aus Nas´ und Mund;
Noch hat der Fuchs die rechte Weite,
Gelassen trabt er, schleppt den Schweif,
Zieht in dem Thaue dunklen Streif,
Und zeigt verächtlich seine Socken.
Doch bald hebt er die Lunte frisch,
Und, wie im Weiher schnellt der Fisch,
Fort setzt er über Kraut und Schmehlen,
Wirft mit den Läufen Kies und Staub;
Die Meute mit geschwoll'nen Kehlen
Ihm nach wie rasselnd Winterlaub.
Man höret ihre Kiefern knacken,
Wenn fletschend in die Luft sie hacken;
In weitem Kreise so zum Tann,
Und wieder aus dem Dickicht dann
Ertönt das Glockenspiel der Bracken.

Was bricht dort im Gestrippe am Revier?
Im holprichten Galopp stampft es den Grund;
Ha! brüllend Heerdenvieh! voran der Stier,
Und ihnen nach klafft ein versprengter Hund.
Schwerfällig poltern sie das Feld entlang,
Das Horn gesenkt, wagrecht des Schweifes Strang,
Und taumeln noch ein paarmal in die Runde,
Eh Posto wird gefaßt im Haidegrunde.

Nun endlich stehn sie, murren noch zurück,
Das Dickicht messend mit verglas'tem Blick,
Dann sinkt das Haupt und unter ihrem Zahne
Ein leises Rupfen knirrt im Thimiane;
Unwillig schnauben sie den gelben Rauch,
Das Euter streifend am Wachholderstrauch,
Und peitschen mit dem Schweife in die Wolke
Von summendem Gewürm und Fliegenvolke.
So langsam schüttelnd den gefüllten Bauch
Fort grasen sie bis zu dem Haidekolke.

Ein Schuß: "Halloh!" ein zweiter Schuß: "Hoho!"
Die Heerde stutzt, des Kolkes Spiegel kraußt
Ihr Blasen, dann die Hälse streckend, so
Wie in des Dammes Mönch der Strudel saust,
Ziehn sie das Wasser in den Schlund, sie pusten,
Die kranke Stärke schaukelt träg herbei,
Sie schaudert, schüttelt sich in hohlem Husten,
Und dann - ein Schuß, und dann - ein Jubelschrei!

Das grüne Käppchen auf dem Ohr,
Den halben Mond am Lederband,
Trabt aus der Lichtung rasch hervor
Bis mitten in das Haideland
Ein Waidmann ohne Tasch und Büchse;
Er schwenkt das Horn, er ballt die Hand,
Dann setzt er an, und tausend Füchse
Sind nicht so kräftig todtgeblasen,
Als heut es schmettert über'n Rasen.

"Der Schelm ist todt, der Schelm ist todt!
Laßt uns den Schelm begraben!
Kriegen ihn die Hunde nicht,
Dann fressen ihn die Raben,
Hoho halloh!"

Da stürmt von allen Seiten es heran,
Die Bracken brechen aus Genist und Tann;
Durch das Gelände sieht in wüsten Reifen
Man johlend sie um den Hornisten schweifen.
Sie ziehen ihr Geheul so hohl und lang,
Daß es verdunkelt der Fanfare Klang,
Doch lauter, lauter schallt die Gloria,
Braust durch den Ginster die Victoria:

"Hängt den Schelm, hängt den Schelm!
Hängt ihn an die Weide,
Mir den Balg und dir den Talg,
Dann lachen wir alle Beide;
Hängt ihn! Hängt ihn
Den Schelm, den Schelm! - - "

Die Vogelhütte

Regen, Regen, immer Regen! will nicht das
                              Geplätscher enden,
Daß ich aus dem Sarge brechen kann, aus diesen
                              Bretterwänden?

Sieben Schuhe ins Gevierte, das ist doch ein
        ärmlich
                              Räumchen
Für ein Menschenkind, und wär' es schlank auch
                       wie ein Rosenbäumchen!

O was ließ ich mich gelüsten, in den Vogelheerd zu
                              flüchten,
Als nur schwach die Wolke tropfte, als noch
                          flüsterten die Fichten:

Und muß nun bestehn das Ganze, wie wenn
                      zögernd man dem Schwätzer
Raum gegeben, dem langweilig Seile drehnden
                            Phrasensetzer;

Und am Knopfe nun gehalten, oder schlimmer an
                            den Händen,
Zappelnd wie der Halbgehängte langet nach des
                            Strickes Enden!

Meine Unglücksstrick' sind dieser Wasserstriemen
                          Läng' und Breite,
Die verkörperten Hyperbeln, denn Bindfäden
                          regnet's heute.

Denk ich an die heitre Stube, an das weiche
                          Kanapée,
Und wie mein Gedicht, das meine, dort zerlesen
                          wird beim Thee:

Denk ich an die schwere Zunge, die statt meiner es
                          zerdrischt,
Bohrend wie ein Schwertfisch möcht ich schießen
                          in den Wassergischt.

Pah! was kümmern mich die Tropfen,ob ich naß ob
                          säuberlich!
Aber besser stramm und trocken, als durchnäßt und
                          lächerlich.

Da - ein Fleck, ein Loch am Himmel; bist du
                          endlich doch gebrochen,
Alte Wassertonne, hab ich endlich dich entzwei
                          gesprochen?

Aber wehe! wie's vom Fasse brodelt, wenn
                          gesprengt der Zapfen,
Hör ich 's auf dem Dache rasseln, förmlich wie mit
                          Füßen stapfen.

Regen! unbarmherz'ger Regen! mögst du braten
                          oder sieden!
Wehe, diese alte Kufe ist das Faß der Danaiden!

Ich habe mich gesetzt in Gottes Namen;
Es hilft doch alles nicht, und mein Gedicht
Ist längst gelesen und im Schloß die Damen,
sie saßen lange zu Gericht.

Statt einen neuen Lorbeerkranz zu drücken
In meine Phöboslocken, hat man sacht
Den alten losgezupft und hinter'm Rücken
Wohl Eselsohren mir gemacht.

Verkannte Seele, fasse dich im Leiden,
Sey stark, sey nobel, denk, der Ruhm ist leer,
Das Leben kurz, es wechseln Schmerz und
    Freuden,
Und was dergleichen Neugedachtes mehr!

Ich schau mich um in meiner kleinen Zelle:
Für einen Klausner wär's ein hübscher Ort;
Die Bank, der Tisch, das hölzerne Gestelle,
Und an der Wand die Tasche dort;

Ein Netz im Winkelchen, ein Rechen, Spaten -
Und Betten? nun, das macht sich einfach hier;
Der Thimian ist heuer gut gerathen,
Und blüht mir grade vor der Thür.

Die Waldung drüber - und das Quellgewässer -
Hier möcht ich Haidebilder schreiben, zum
    Exempel:
"Die Vogelhütte" ,nein - "der Heerd", nein besser:
"Der Knieende in Gottes weitem Tempel."

'S ist doch romantisch, wenn ein zart Geriesel
Durch Immortellen und Wachholderstrauch
Umzieht und gleitet, wie ein schlüpfend Wiesel,
Und drüber flirrt der Stöberrauch;

Wenn Schimmer wechseln, weiß und seladonen;
Die weite Eb'ne schaukelt wie ein Schiff,
Hindurch der Kibitz schrillt, wie Halcyonen
Wehklagend ziehen um das Riff.

An Horizont die kolossalen Brücken -
Sind's Wolken oder ist's ferner Wald?
Ich will den Schemel an die Luke rücken,
Da liegt mein Hut, mein Hammer, - halt:

Ein Teller am Gestell! - was mag er bieten?
Fundus! bei Gott, ein Fund das Backwerk drin!
Für einen armen Hund von Eremiten,
Wie ich es leider heute bin!

Ein seid'ner Beutel noch - am Bort zerrissen;
Ich greife, greife Rundes mit der Hand;
Weh! in die dürre Erbs` hab ich gebissen -
Ich dacht', es seye Zuckerkand.

Und nun die Tasche! he, wir müssen klopfen -
Vielleicht liegt ein Gefang'ner hier in Haft;

Da - eine Flasche! schnell herab den Pfropfen -
Ist's Wasser? Wasser? - edler Rebensaft!

Und Edlerer, der ihn dem Sack vertraute,
Splendid barmherziger Wildhüter du,
Für einen armen Schelm, der Erbsen kaute,
Den frommen Bruder Tuck im Ivanhoe!

Mir dem Gekörn will ich den Kibitz letzen,
Es aus der Luke streun, wenn er im Flug
Herschwirrt, mir auf die Schulter sich zu setzen,
Wie man es lies't in manchem Buch.

Mir ist ganz wohl in meiner armen Zelle;
Wie mir das Klausnerleben so gefällt!
Ich bleibe hier, ich geh nicht von der Stelle,
Bevor der letzte Tropfen fällt.

Es verrieselt, es verraucht,
Mählig aus der Wolke taucht
Neu hervor der Sonnenadel.
In den feinen Dunst die Fichte

Ihre grünen Dornen streckt,
Wie ein schönes Weib die Nadel
In den Spitzenschleier steckt;
Und die Haide steht im Lichte
Zahllos blanker Tropfen, die
Am Wachholder zittern, wie
Glasgehänge an dem Lüster.
Ueberm Grund geht ein Geflüster,
Jedes Kräutchen reckt sich auf,
Und in langgestrecktem Lauf,
Durch den Sand des Pfades eilend,
Blitzt das gold'ne Panzerhemd
Des Kurier's am Halme weilend
Streicht die Grille sich das Naß
Von den Flügel grünem Glas.
Grashalm glänzt wie eine Klinge,
Und die kleinen Schmetterlinge,
Blau, orange, gelb und weiß,
Jagen tummelnd sich im Kreis.
Alles Schimmer, alles Licht,
Bergwald mag und Welle nicht
Solche Farbentöne hegen,
Wie die Haiden nach dem Regen.

Ein Schall - und wieder - wieder - was ist das?
Bei Gott, das Schloß! Da schlägt es Acht im
                                Thurme-
Weh mein Gedicht! o weh mir armem Wurme,
Nun fällt mir alles ein, was ich vergaß!
Mein Hut, mein Hammer hurtig fortgetrabt -
Vielleicht, vielleicht ist man discret gewesen,
Und harrte meiner, der sein Federlesen
Indeß mit Kraut und Würmern hat gehabt. -
Nun kommt der Steeg und nun des Teiches Ried,
Nun steigen der Alleen schlanke Streifen;
Ich weiß es nicht, ich kann es nicht begreifen,
Wie ich so gänzlich mich vom Leben schied -
Doch freilich - damals war ich Eremit!

Kinder am Ufer

O sieh doch! siehst du nicht die Blumenwolke
Da drüben in dem tiefsten Weiherkolke?
O! das ist schön! hätt' ich nur einen Stecken,
Schmalzweiße Kelch' mit dunkelrothen Flecken,
Und jede Glocke ist frisirt so fein
Wie unser wächsern Engelchen im Schrein.
Was meinst du, schneid' ich einen Haselstab,
Und wat' ein wenig in die Furth hinab?
Pah! Frösch' und Hechte können mich nicht
                              schrecken. -
Allein, ob nicht vielleicht der Wassermann
Dort in den langen Kräutern hocken kann?
Ich geh, ich gehe schon - ich gehe nicht -
Mich dünkt, ich sah am Grund ein Gesicht -
Komm lass' uns lieber heim, die Sonne sticht!

Der Hünenstein

Zur Zeit der Scheide zwischen Nacht und Tag,
Als wie ein siecher Greis die Haide lag
Und ihr Gestöhn des Mooses Teppich regte,
Krankhafte Funken im verwirrten Haar
Elektrisch blitzten, und, ein dunkler Mahr,
sich über sie die Wolkenschichte legte;

Zu dieser Dämmerstunde war's, als ich
Einsam hinaus mit meinen Sorgen schlich,
Und wenig dachte, was es draußen treibe.
Nachdenklich schritt ich, und bemerkte nicht
Des Krautes Wallen und des Wurmes Licht,
Ich sah auch nicht, als stieg die Mondesscheibe.

Grad war der Weg ganz sonder Steg und Bruch;
So träumt ich fort und, wie ein schlechtes Buch,
Ein Pfennigs-Magazin uns auf der Reise
Von Station zu Stationen plagt,
Hab' zehnmal Weggeworf'nes ich benagt,
Und fortgeleiert überdrüß'ge Weise.

Entwürfe wurden aus Entwürfen reif,
Doch, wie die Schlange packt den eignen Schweif,
Fand ich mich immer auf derselben Stelle;
Da plötzlich fuhr ein plumper Schröter jach
An's Auge mir, ich schreckte auf und lag
Am Grund, um mich des Haidekrautes Welle.

Seltsames Lager, das ich mir erkor!
Zur Rechten, Linken schwoll Gestein empor,
Gewalt'ge Blöcke, rohe Porphirbrode;
Mir überm Haupte reckte sich der Bau,
Langhaar'ge Flechten rührten meine Brau,
Und mir zu Füßen schwankt' die Ginsterlode.

Ich wußte gleich, es war ein Hünengrab,
Und fester drückt' ich meine Stirn hinab,
Wollüstig saugend an des Grauens Süße,
Bis es mit eis'gen Krallen mich gepackt,
Bis wie ein Gletscher-Bronn des Blutes Takt
Aufquoll und hämmert' unterm Mantelvließe.

Die Decke über mir, gesunken, schief,
An der so blaß gehärmt das Mondlicht schlief,
Wie eine Wittwe an des Gatten Grabe;
Vom Hirtenfeuer Kohlenscheite sahn
So leichenbrandig durch den Thimian,
Daß ich sie abwärts schnellte mit dem Stabe.

Husch fuhr ein Kibitz schreiend aus dem Moos;
Ich lachte auf; doch trug wie bügellos
Mich Phantasie weit über Spalt und Barren.
Dem Wind hab' ich gelauscht so scharf gespannt,
Als bring er Kunde aus dem Geisterland,
Und immer mußt ich an die Decke starren.

Ha! welche Sehnen wälzten diesen Stein?
Wer senkte diese wüsten Blöcke ein,
Als durch das Haid die Todtenklage schallte?
Wer war die Drude, die im Abendstral
Mit Run' und Spruch umwandelte das Thal,
Indeß ihr gold'nes Haar im Winde wallte?

Dort ist der Osten, dort, drei Schuh im Grund,
Dort steht die Urne und in ihrem Rund
Ein wildes Herz zerstäubt zu Aschenflocken;
Hier lagert sich der Traum vom Opferhain,
Und finster schütteln über diesen Stein
Die grimmen Götter ihre Wolkenlocken.

Wie, sprach ich Zauberformel? Dort am Damm -
Es steigt, es breitet sich wie Wellenkamm,
Ein Riesenleib, gewalt'ger, höher immer;
Nun greift es aus mit langgedehntem Schritt -
Schau, wie es durch der Eiche Wipfel glitt,
Durch seine Glieder zittern Mondenschimmer.

Komm her, komm nieder - um ist deine Zeit!
Ich harre dein, im heil'gen Bad geweiht;
Noch ist der Kirchenduft in meinem Kleide! -
Da fährt es auf, da ballt es sich ergrimmt,
Und langsam, eine dunkle Wolke, schwimmt
Es über meinem Haupt entlang die Haide.

Ein Ruf, ein hüpfend Licht - es schwankt herbei -
Und - "Herr, es regnet" - sagte mein Lakai,
Er ruhig über's Haupt den Schirm mir streckte.
Noch einmal sah ich zum Gestein hinab:
Ach Gott, es war doch nur ein rohes Grab,
Das armen ausgedorrten Staub bedeckte! -

Die Mergelgrube

Stoß deinen Scheit drei Spannen in den Sand,
Gesteine siehst du aus dem Schnitte ragen,
Blau, gelb, zinnoberroth, als ob zur Gant
Natur die Trödelbude aufgeschlagen.
Kein Pardelfell war je so bunt gefleckt,
Kein Rebhuhn, keine Wachtel so gescheckt,
Als das Gerölle gleißend wie vom Schliff
Sich aus der Scholle bröckelt bei dem Griff
Der Hand, dem Scharren mit des Fußes Spitze.
Wie zürnend sturt dich an der schwarze Gneus,
Spatkugeln kollern nieder, milchig weiß,
Und um den Glimmer fahren Silberblitze;
Gesprenkelte Porphire, groß und klein,
Die Okerdruse und der Feuerstein -
Nur wenige hat dieser Grund gezeugt,
D e r sah den Strand, und d e r des Berges Kuppe;
Die zorn'ge Welle hat die hergescheucht,
Leviathan mit seiner Riesenschuppe,
Als schäumend übern Sinai er fuhr,
Des Himmels Schleusen dreißig Tage offen,
Gebirge schmolzen ein wie Zuckerkand,
Als dann am Ararat die Arche stand,
Und, eine fremde, üppige Natur,
Eine neues Leben quoll aus neuen Stoffen. -
Findlinge nennt man sie, weil von der Brust,
Der mütterlichen sie gerissen sind.
In fremde Wiege schlummernd unbewußt,
Die fremde Hand sie legt wie's Findelkind.
O welch' ein Waisenhaus ist diese Haide,
Die Mohren, Blaßgesicht, und rothe Haut
Gleichförmig hüllet mit dem braunen Kleide!
Wie endlos ihre Zellenreihn gebaut!
Tief in's Gebröckel, in die Mergelgrube
War ich gestiegen, denn der Wind zog scharf;
Dort saß ich seitwärts in der Höhlenstube,
Und horchte träumend auf der Luft Geharf.
Es waren Klänge, wie wenn Geisterhall
Melodisch schwinde im zerstörten All;
Und dann ein Zischen, wie von Moores Klaffen,
Wenn brodelnd es in sich zusamm'gesunken;
Mir über'm Haupt ein Rispeln und ein Schaffen,
Als scharre in der Asche man den Funken.
Findlinge zog ich Stück auf Stück hervor,
Und lauschte, lauschte mit berauschtem Ohr.

Vor mir, um mich der graue Mergel nur,
Was drüber sah ich nicht; doch die Natur
Schien mir verödet, und ein Bild erstand
Von einer Erde, mürbe, ausgebrannt;
Ich selber schien ein Funken mir, der doch
Erzittert in der todten Asche noch,
Ein Findling im zerfall'nen Weltenbau.
Die Wolke theilt sich, der Wind ward lau;
Mein Haupt nicht wagt' ich aus dem Hohl zu strecken
Um nicht zu schauen der Verödung Schrecken,
Wie Neues quoll und Altes sich zersetzte -
War ich der erste Mensch oder der letzte?

Ha, auf der Schieferplatte hier Medusen -
Noch schienen ihre Stralen sie zu zücken,
Als sie geschleudert von des Meeres Busen,
Und das Gebirge sank, sie zu zerdrücken.
Es ist gewiß, die alte Welt ist hin,
Ich Petrefakt, ein Mammuthsknochen drinn!
Und müde, müde sank ich an den Rand
Der staub'gen Gruft; da rieselte der Grand
Auf Haar und Kleider mir, ich ward so grau
Wie eine Leich' im Katakomben-Bau,
Und mir zu Füßen hört ich leises Knirren,
Ein Rütteln, ein Gebröckel und ein Schwirren.
Es war der Todtenkäfer, der im Sarg
So eben eine frische Leiche barg;
Ihr Fuß, ihr Flügelchen empor gestellt
Zeigt eine Wespe mir von dieser Welt.
Und anders ward mein Träumen nun gewandet,
Zu einer Mumie ward ich versandet,
Mein Linnen Staub, fahlgrau mein Angesicht,
Und auch der Scarabäus fehlte nicht.

Wie, Leichen über mir? - so eben gar
Rollt mir ein Bissusknäuel in den Schooß;
Nein, das ist Wolle, ehrlich Lämmerhaar -
Und plötzlich ließen mich die Träume los.
Ich gähnte, dehnte mich, fuhr aus dem Hohl,
Am Himmel stand der rothe Sonnenball
Getrübt von Dunst, ein glüher Karniol,
Und Schafe weideten am Haidewall.
Dicht über mir sah ich den Hirten sitzen,
Er schlingt den Faden und die Nadeln blitzen,
Wie er bedächtig seinen Socken strickt.
Zu mir hinunter hat er nicht geblickt.
"Ave Maria" hebt er an zu pfeifen,
So sacht und schläfrig, wie die Lüfte streifen.
Er schaut so seelengleich die Heerde an,
Daß man nicht weiß, ob Schaf er oder Mann.
Ein Räuspern dann, und langsam aus der Kehle
Schiebt den Gesang er in das Garngestrehle:

Es stehet ein Fischlein in einem tiefen See,
Danach thu ich wohl schauen, ob es kommt in die Höh;
Wandl' ich über Grunheide bis an den kühlen Rhein,
Alle meine Gedanken bei meinem Feinsliebchen sein.
Gleich wie der Mond ins Wasser schaut hinein,
Und gleich wie die Sonne im Wald gibt güldenen Schein,
Also sich verborgen bei mir die Liebe findt,
Alle meine Gedanken, sie sind bei dir, mein Kind.

Wer da hat gesagt, ich wollte wandern fort,
Der hat sein Feinsliebchen an einem andern Ort;
Trau nicht den falschen Zungen, was sie dir blasen ein,
Alle meine Gedanken, sie sind bei dir allein.
Ich war hinaufgeklommen, stand am Bord,

Dicht vor dem Schäfer, reichte ihm den Knäuel;
Er steckt' ihn an den Hut, und strickte fort,
Sein weißer Kittel zuckte wie ein Weihel.
Im Moose lag ein Buch; ich hob es auf -
"Bertuchs Naturgeschichte"; les't ihr das? -
Da zog ein Lächeln seine Lippen auf:
Der lügt mal, Herr! doch das ist just der Spaß!
Von Schlangen, Bären, die in Stein verwandelt,
Als, wie Genesis sagt, die Schleusen offen;
Wär's nicht zur Kurzweil, wär es schlecht
                                       gehandelt:
Man weiß ja doch, daß alles Vieh versoffen.
Ich reichte ihm die Schieferplatte: "schau,
Das war ein Thier." Da zwinkert er die Brau,
Und hat mir lange pfiffig nachgelacht -
Daß ich verrückt sey, hätt' er nicht gedacht!-

Die Krähen

Heiß, heiß der Sonnenbrand
Drückt vom Zenith herunter,
Weit, weit der gelbe Sand
Zieht sein Gestäube drunter;
Nur wie ein grüner Strich
Am Horizont die Föhren;
Mich dünkt, man müßt' es hören,
Wenn nur ein Kanker schlich.

Der blasse Aether siecht,
Ein Ruhen rings, ein Schweigen,
Dem matt das Ohr erliegt;
Nur an der Düne steigen
Zwei Fichten, dürr, ergraut -
Wie Trauernde am Grabe -
Wo einsam sich ein Rabe
Die rupp'gen Federn kraut.

Da zieht's in Westen schwer
Wie eine Wetterwolke,
Kreis't um die Föhren her
Und fällt am Haidekolke;
Und wieder steigt es dann,
Es flattert und es ächzet,
Und immer näher krächzet
Das Galgenvolk heran.

Recht, wo der Sand sich dämmt,
Da lagert es am Hügel;
Es badet sich und schwemmt,
Stäubt Asche durch die Flügel
Bis jede Feder grau;
Dann rasten sie im Bade,
Und horchen der Suade
Der alten Krähenfrau,

Die sich im Sande reckt,
Das Bein lang ausgeschossen,
Ihr eines Aug' gefleckt,
Das andre ist geschlossen;
Zweihundert Jahr und mehr
Gehetzt mit allen Hunden,
Schnarrt sie nun ihre Kunden
Dem jungen Volke her:

"Ja, ritterlich und kühn all sein Gebahr!
Wenn er so herstolzirte vor der Schaar,
Und ließ sein bäumend Roß so drehn und
                                       schwenken,
Da mußt ich immer an Sanct Görgen denken,
Den Wettermann, der - als am Schlot ich saß,
Ließ mir die Sonne auf den Rücken brennen -
Vom Wind getrillt mich schlug so hart, daß baß
Ich es dem alten Raben möchte gönnen,
Der dort von seiner Hopfenstange schaut,
Als sey ein Baum er und wir andern Kraut! -

Kühn war der Halberstadt, das ist gewiß!
Wenn er die Braue zog, die Lippe biß,

Dann standen seine Landsknecht' auf den Füßen
Wie Speere, solche Blicke konnt er schießen.
Einst brach sein Schwert; er riß die Kuppel los,
Stieß mit der Scheide einen Mann vom Pferde.
Ich war nur immer froh, daß flügellos,
Ganz sonder Witz der Mensch geboren werde:
Denn nie hab' ich gesehn, daß aus der Schlacht
Er eine Leber nur bei Seit' gebracht.

An einem Sommertag, - heut sind es grad
Zweihundert fünfzig Jahr, es lief die Schnat
Am Damme drüben damals bei den Föhren -
Da konnte man ein frisch Drometen hören,
Ein Schwerterklirren und ein Feldgeschrei,
Radschlagen sah man Reuter von den Rossen,
Und die Kanone fuhr ihr Hirn zu Brei;
Entlang die Gleise ist das Blut geflossen,
Granat' und Wachtel liefen kunterbunt
Wie junge Kibitze am sand'gen Grund.

Ich saß auf einem Galgen, wo das Bruch
Man überschauen konnte recht mit Fug;
Dort an der Schnat hat Halberstadt gestanden,
Mit seinem Sehrohr streifend durch die Banden,
Hat seinen Stab geschwungen so und so;
Und wie er schwenkte, zogen die Soldaten -
Da plötzlich aus den Mörsern fuhr die Loh`,
Es knallte, daß ich bin zu Fall gerathen,
Und als Kopfüber ich vom Galgen schoß,
Da pfiff der Halberstadt davon zu Roß.

Mir stieg der Rauch in Ohr und Kehl', ich schwang
Mich auf, und nach der Qualm in Strömen drang;
Entlang die Haide fuhr ich mit Gekrächze.
Am Grunde, welch' Geschrei, Geschnaub',
         Geächze!
Die Rosse wälzten sich und zappelten,
Todtwunde zuckten auf, Landsknecht' und Reuter
Knirschten den Sand, da näher trappelten
Schwadronen, manche krochen winselnd weiter,
Und mancher hat noch einen Stich versucht,
Als über ihn der Baier weggeflucht.

Noch lange haben sie getobt, geknallt,
Ich hatte mich geflüchtet in den Wald;
Doch als die Sonne färbt` der Föhren Spalten,
Ha welch ein köstlich Mahl ward da gehalten!
Kein Geier schmaußt, kein Weihe je so reich!
In achtzehn Schwärmen fuhren wir herunter,
Das gab ein Hacken, Picken, Leich' auf Leich -
Allein der Halberstadt war nicht darunter:
Nicht kam er heut', noch sonst mir zu Gesicht,
Wer ihn gefressen hat, ich weiß es nicht."

Sie zuckt die Klaue, kraut't den Schopf,
Und streckt behaglich sich im Bade;
Da streckt ein grauer Herr den Kopf,
Weit älter, als sie Scheh'razade.
"Ha," kächzt er, "das war wüste Zeit, -
Da gab's nicht Frauen, wie vor Jahren,
Als die Ritter mit dem Kreuz gefahren,

Und man die Münster hat geweiht!"
Er hustet, speit ein wenig Sand und Thon,
Dann hebt er an, ein grauer Seladon:

"Und wenn er kühn, so war sie schön,
Die heil'ge Frau im Ordenskleide!
Ihr mocht' der Weihel süßer stehn,
Als andern Güldenstück und Seide.
Kaum war sie holder am dem Tag,
Da ihr jungfräulich Haar man fällte,
Als ich an's Kirchenfenster schnellte,
Und schier Tobias Hündlein brach.

Da stand die alte Gräfin, stand
Der alte Graf, geduldig harrend;
Er auf's Baretlein in der Hand,
Sie fest aufs Paternoster starrend;
Ehrbar, wie bronzen sein Gesicht -
Und aus der Mutter Wimpern glitten
Zwei Thränen auf der Schaube Mitten,
Doch ihre Lippe zuckte nicht.

Und sie in ihrem Sammetkleid,
Von Perlen und Juwel' umfunkelt,
Bleich war sie, aber nicht von Leid,
Ihr Blick doch nicht von Gram umdunkelt.
So mild hat sie das Haupt gebeugt,
Als woll' auf den Altar sie legen
Des Haares königlichen Segen,
Vom Antlitz ging ein süß Geleucht.

Doch als nun, wie am Blutgerüst,
Ein Mann die Seidenstränge packt,
Da faßte mich ein wild Gelüst,
Ich schlug die Scheiben, daß es knackte,
Und flattert' fort, als ob der Stahl
Nach meinem Nacken wolle zücken.
Ja wahrlich, über Kopf und Rücken
fühlt' ich den ganzen Tag mich kahl!

Und später sah ich manche Stund
Sie betend durch den Kreuzgang schreiten,
Ihr süßes Auge über'n Grund
Entlang die Todtenlager gleiten;
In's Quadrum flog ich dann hinab,
Spazierte auf dem Leichensteine,
Sang, oder suchte auch zum Scheine
Nach einem Regenwurm am Grab.

Wie sie gestorben, weiß ich nicht;
Die Fenster hatte man verhangen,
Ich sah am Vorhang nur das Licht
Und hörte, wie die Schwestern sangen;
Auch hat man keinen Stein geschafft
In's Quadrum, doch ich hörte sagen,
Daß manchem Kranken Heil getragen
Der sel'gen Frauen Wunderkraft.

Ein Loch gibt es am Kirchenend',
Da kann man in's Gewölbe schauen,
Wo matt die ew'ge Lampe brennt,

Steinsärge ragen, fein gehauen;
Da streck ich oft im Dämmergrau
Den Kopf durch's Gitter, klage, klage
Die Schlafende im Sarkophage,
So hold, wie keine Krähenfrau!"

Er schließt die Augen, stößt ein lang "Krahah!"
Gestreckt die Zunge und den Schnabel offen;
Matt, flügelhängend, ein zertrümmert Hoffen,
Ein Bild gebroch'nen Herzens sitzt er da. -
Da schnarrt es über ihm:" ihr Narren all!"
Und nieder von der Fichte plumpt der Rabe:
"Ist einer hier, der hörte von Walhall,
Von Teut und Thor, und von dem Hünengrabe?
Saht' ihr den Opferstein" - da mit Gekrächz
Hebt sich die Schaar und klatscht entlang den
                                                    Hügel.

Der Rabe blinzt, er stößt ein kurz Geächz,
Die Federn sträubend wie ein zorn'ger Igel;
Dann duckt er nieder, kraut das kahle Ohr,
Noch immer schnarrend fort von Teut und Thor. -

Der Haidemann

"Geht, Kinder, nicht zu weit in's Bruch,
Die Sonne sinkt, schon surrt den Flug
Die Biene matter, schlafgehemmt,
Am Grunde schwimmt ein blasses Tuch,
Der Haidemann kömmt! -"

Die Knaben spielen fort am Raine,
Sie rupfen Gräser, schnellen Steine,
Sie plätschern in des Teiches Rinne,
Erhaschen die Phalän' am Ried,
Und freu'n sich, wenn die Wasserspinne
Langbeinig in die Binsen flieht.

"Ihr Kinder, legt euch nicht in's Gras, -
Seht, wo noch grad' die Biene saß,
Wie weißer Rauch die Glocken füllt.
Scheu aus dem Busche glotzt der Haas,
Der Haidemann schwillt! -"

Kaum hebt ihr schweres Haupt die Schmehle
Noch aus dem Dunst, in seine Höhle
Schiebt sich der Käfer und am Halme
Die träge Motte höher kreucht,
Sich flüchtend vor dem feuchten Qualme,
Der unter ihre Flügel steigt.

"Ihr Kinder, haltet euch bei Haus,
Lauft ja nicht in das Bruch hinaus;
Seht, wie bereits der Dorn ergraut,
Die Drossel ächzt zum Nest hinaus,
Der Haidemann braut! -"

Man sieht des Hirten Pfeife glimmen,
Und vor ihm her die Heerde schwimmen,
Wie Proteus seine Robbenschaaren
Heimschwemmt im grauen Ocean.
Am Dach die Schwalben zwitschernd fahren
Und melancholisch kräht der Hahn.

"Ihr Kinder, bleibt am Hofe dicht,
Seht, wie die feuchte Nebelschicht
Schon an des Pförtchens Klinke reicht:
Am Grunde schwimmt ein falsches Licht,
Der Haidemann steigt! -"

Nun strecken nur der Föhren Wipfel
Noch aus dem Dunste grüne Gipfel,
Wie über'n Schnee Wacholderbüsche
Ein leises Brodeln quillt im Moor,
Ein schwaches Schrillen, ein Gezische
Dringt aus der Niederung hervor.

"Ihr Kinder, kommt, kommt, schnell herein,
Das Irrlicht zündet seinen Schein,
Die Kröte schwillt, die Schlang im Ried;
Jetzt ist's unheimlich draußen seyn,
Der Haidemann zieht! -"

Nun sinkt die letzte Nadel, rauchend
Zergeht die Fichte, langsam tauchend
Steigt Nebelschemen aus dem Moore,
Mit Hünenschritten gleitet's fort;
Ein irres Leuchten zuckt im Rohre,
Der Krötenchor beginnt am Bord.

Und plötzlich scheint ein schwaches Glühen
Des Hünen Glieder zu durchziehen;
Es siedet auf, es färbt die Wellen,
Der Nord, der Nord entzündet sich -
Glutpfeile, Feuerspeere schnellen,
Der Horizont ein Lavastrich!

"Gott gnad' uns! wie es zuckt und dräut,
Wie's schwehlet an der Dünenscheid´! -
Ihr Kinder, faltet eure Händ´,
Das bringt uns Pest und theure Zeit -
Der Haidemann brennt! -"

Das Haus in der Haide

Wie lauscht, vom Abendschein umzuckt,
Die strohgedeckte Hütte,
- Recht wie im Nest der Vogel duckt, -
Aus dunkler Föhren Mitte.

Am Fensterloche streckt das Haupt
Die weißgestirnte Stärke,
Bläßt in den Abendduft und schnaubt
Und stößt an's Holzgewerke.

Seitab ein Gärtchen, dornumhegt,
Mit reinlichem Gelände,
Wo matt ihr Haupt die Glocke trägt,
Aufrecht die Sonnenwende.

Und drinnen kniet ein stilles Kind,
Das scheint den Grund zu jäten,
Nun pflückt sie eine Lilie lind
Und wandelt längs den Beeten.

Am Horizonte Hirten, die
Im Haidekraut sich strecken,
Und mit des Aves Melodie
Träumende Lüfte wecken.

Und von der Tenne ab und an
Schallt es wie Hammerschläge,
Der Hobel rauscht, es fällt der Span,
Und langsam knarrt die Säge.

Da hebt der Abendstern gemach
Sich aus den Föhrenzweigen,
Und grade ob der Hütte Dach
Scheint er sich mild zu neigen.

Es ist ein Bild, wie still und heiß
Es alte Meister hegten,
Kunstvolle Mönche, und mit Fleiß
Es auf den Goldgrund legten.

Der Zimmermann - die Hirten gleich
Mit ihrem frommen Liede -
Die Jungfrau mit dem Lilienzweig -
Und rings der Gottesfriede.

Des Sternes wunderlich Geleucht
Aus zarten Wolkenfloren -
Ist etwa hier im Stall vielleicht
Christkindlein heut geboren?

Die Schenke am See

An Levin S.

Ist's nicht ein heit'rer Ort, mein junger Freund,
Das kleine Haus, das schier vom Hange gleitet,
Wo so possierlich uns der Wirth erscheint,
So übermächtig sich die Landschaft breitet;
Wo uns ergötzt im neckischen Contrast
Das Wurzelmännchen mit verschmitzter Miene,
Das wie ein Aal sich schlingt und kugelt fast,
Im Angesicht der stolzen Alpenbühne?

Sitz nieder. - Trauben! - und behend erscheint
Zopfwedelnd der geschäftige Pigmäe;
O sieh, wie die verletzte Beere weint
Blutige Thränen um des Reifes Nähe;
Frisch greif in die kristallne Schale, frisch,
Die saftigen Rubine glühn und locken;
Schon fühl' ich an des Herbstes reichem Tisch
Den kargen Winter nahn auf leisen Socken.

Das sind die Hieroglyphen, junges Blut,
Und ich, ich will an deiner lieben Seite
Froh schlürfen meiner Neige letztes Gut.
Schau her, schau drüben in die Näh' und Weite;
Wie uns zur Seite sich der Felsen bäumt,
Als könnten wir mit Händen ihn ergreifen,
Wie uns zu Füßen das Gewässer schäumt,
Als könnten wir im Schwunge drüber streifen!

Hörst du das Alphorn über'm blauen See?
So klar die Luft, mich dünkt ich seh' den Hirten
Heimzügeln von der duftbesäumten Höh' -
War's nicht als ob die Rinderglocken schwirrten?
Dort, wo die Schlucht in das Gestein sich drängt -
Mich dünkt ich seh den kecken Jäger schleichen;
Wenn eine Gemse an der Klippe hängt,
Gewiß, mein Auge müßte sie erreichen.

Trink aus! - die Alpen liegen Stundenweit,
Nur nah die Burg, und heimisches Gemäuer
Wo Träume lagern langverschollner Zeit,
Seltsame Mähr und zorn'ge Abentheuer.
Wohl ziemt es mir, in Räumen schwer und grau
Zu grübeln über dunkler Thaten Reste;
Doch du, Levin, schaust aus dem grimmen Bau
Wie eine Schwalbe aus dem Mauerneste.

Sieh' drunten auf dem See im Abendroth
Die Taucherente hin und wieder schlüpfend;
Nun sinkt sie nieder wie des Netzes Loth,
Nun wieder aufwärts mit den Wellen hüpfend;
Seltsames Spiel, recht wie ein Lebenslauf!
Wir beide schaun gespannten Blickes nieder;
Du flüsterst lächelnd: immer kömmt sie auf -
und ich, ich denke, immer sinkt sie wieder!

Noch einen Blick dem segensreichen Land,
Den Hügeln, Auen, üpp'gem Wellen-Rauschen,
Und heimwärts dann, wo von der Zinne Rand
Freundliche Augen unserm Pfade lauschen;
Brich auf! - da haspelt in behendem Lauf
Das Wirthlein Abschied wedelnd uns entgegen:
"- Geruh'ge Nacht - stehn's nit zu zeitig auf! -"
Das ist der lust'gen Schwaben Abendsegen.

Am Thurme

Ich steh' auf hohem Balkone am Thurm,
Umstrichen vom schreienden Staare,
Und laß' gleich einer Mänade den Sturm
Mir wühlen im flatternden Haare;
O wilder Geselle, o toller Fant,
Ich möchte dich kräftig umschlingen,
Und, Sehne an Sehne, zwei Schritte vom Rand
Auf Tod und Leben dann ringen!

Und drunten seh' ich am Strand, so frisch
Wie spielende Doggen, die Wellen
Sich tummeln rings mit Geklaff und Gezisch,
Und glänzende Flocken schnellen.
O, springen möcht' ich hinein alsbald,
Recht in die tobende Meute,
Und jagen durch den korallenen Wald
Das Wallroß, die lustige Beute!

Und drüben seh' ich ein Wimpel wehn
So keck wie eine Standarte,
Seh auf und nieder den Kiel sich drehn
Von meiner luftigen Warte;
O, sitzen möcht' ich im kämpfenden Schiff,
Das Steuerruder ergreifen,
Und zischend über das brandende Riff
Wie eine Seemöve streifen.

Wär ich ein Jäger auf freier Flur,
Ein Stück nur von einem Soldaten,
Wär ich ein Mann doch mindestens nur,
So würde der Himmel mir rathen;
Nun muß ich sitzen so fein und klar,
Gleich einem artigen Kinde,
Und darf nur heimlich lösen mein Haar,
Und lassen es flattern im Winde!

Im Moose

Als jüngst die Nacht dem sonnenmüden Land
Der Dämmrung leise Boten hat gesandt,
Da lag ich einsam noch in Waldes Moose.
Die dunklen Zweige nickten so vertraut,
An meiner Wange flüsterte das Kraut,
Unsichtbar duftete die Haiderose.

Und flimmern sah ich, durch der Linde Raum,
Ein mattes Licht, das im Gezweig der Baum
Gleich einem mächt'gen Glühwurm schien zu
                              tragen.
Es sah so dämmernd wie ein Traumgesicht,
Doch wuste ich, es war der Heimath Licht,
In meiner eignen Kammer angeschlagen.

Ringsum so still, daß ich vernahm im Laub
Der Raupe Nagen, und wie grüner Staub
Mich leise wirbelnd Blätterflöckchen tragen.
Ich lag und dachte, ach so Manchem nach,
Ich hörte meines eignen Herzens Schlag,
Fast war es mir als sey ich schon entschlafen.

Gedanken tauchten aus Gedanken auf,
Das Kinderspiel, der frischen Jahre Lauf,
Gesichter, die mir lange fremd geworden;
Vergeßne Töne summten um mein Ohr,
Und endlich trat die Gegenwart hervor,
Da stand die Welle, wie an Ufers Borden.

Dann, gleich dem Bronnen, der verrinnt im
                              Schlund,
Und drüben wieder sprudelt aus dem Grund,
So stand ich plötzlich in der Zukunft Lande;
Ich sah mich selber, gar gebückt und klein,
Geschwächten Auges, am ererbten Schrein
Sorgfältig ordnen staub'ge Liebespfande.

Die Bilder meiner Lieben sah ich klar,
In einer Tracht, die jetzt veraltet war,
Mich sorgsam lösen aus verblichnen Hüllen,
Löckchen, vermorscht, zu Staub zerfallen schier,
Sah über die gefurchte Wange mir
Langsam herab die karge Thräne quillen.

Und wieder an des Friedhofs Monument,
Dran Namen standen die mein Lieben kennt,
Da lag ich betend, mit gebrochnen Knieen,
Und - horch, die Wachtel schlug! Kühl strich der
                              Hauch -
Und noch zuletzt sah ich, gleich einem Rauch,
Mich leise in der Erde Poren ziehen.

Ich fuhr empor, und schüttelte mich dann,
Wie Einer, der dem Scheintod erst entrann,
Und taumelte entlang die dunklen Haage,
Noch immer zweifelnd, ob der Stern am Rain
Sey wirklich meiner Schlummerlampe Schein,
Oder das ew'ge Licht am Sarkophage.

Am Bodensee

Ueber Gelände, matt gedehnt,
Hat Nebelhauch sich wimmelnd gelegt,
Müde, müde die Luft am Strande stöhnt,
Wie ein Roß, das den schlafenden Reiter trägt;
Im Fischerhause kein Lämpchen brennt;
Im öden Thurme kein Heimchen schrillt,
Nur langsam rollend der Pulsschlag schwillt
In dem zitternden Element.

Ich hör' es wühlen am feuchten Strand,
Mir unter'm Fuße es wühlen fort,
Die Kiesel knistern, es rauscht der Sand,
Und Stein an Stein entbröckelt dem Bord.
An meiner Sohle zerfährt der Schaum,
Eine Stimme klaget im hohlen Grund,
Gedämpft, mit halbgeschlossenem Mund,
Wie des grollenden Wetters Traum.

Ich beuge mich lauschend am Thurme her,
Sprühregenflitter fährt in die Höh',
Ha, meine Locke ist feucht und schwer!
Was treibst du denn, unruhiger See?
Kann dir der heilige Schlaf nicht nahn?
Doch nein, du schläfst, ich seh' es genau,
Dein Auge decket die Wimper grau,
Am Ufer schlummert der Kahn.

Hast du so Vieles, so Vieles erlebt,
Daß dir im Traume es kehren muß,
Daß deine gleißende Nerv' erbebt,
Naht ihr am Strand eines Menschen Fuß?
Dahin, dahin! die einst so gesund,
So reich und mächtig, so arm und klein,
Und nur ihr flüchtiger Spiegelschein
Liegt zerflossen auf deinem Grund.

Der Ritter, so aus der Burg hervor
Vom Hange trabte in aller Früh;
- Jetzt nickt die Esche vom grauen Thor,
Am Zwinger zeichnet die Mylady. -
Das arme Mütterlein, das gebleicht
Sein Leichenhemde den Strand entlang,
Der Kranke, der seinen letzten Gang
An deinem Borde gekeucht;

Das spielende Kind, das neckend hier
Sein Schneckenhäuschen geschleudert hat,
Die glühende Braut, die lächelnd dir
Von der Ringelblume gab Blatt um Blatt;
Der Sänger, der mit trunkenem Aug'
Das Metrum geplätschert in deiner Flut,
Der Pilger, so am Gesteine geruht,
Sie Alle dahin wie Rauch!

Bist du so fromm, alte Wasserfey,
Hälst nur umschlungen, läßt nimmer los?
Hat sich aus dem Gebirge die Treu'
Geflüchtet in deinen heiligen Schoos?

O, schau mich an! ich zergeh' wie Schaum,
Wenn aus dem Grabe die Distel quillt,
Dann zuckt mein längst zerfallenes Bild
Wohl einmal durch deinen Traum!

Brennende Liebe

Und willst du wissen, warum
So sinnend ich manche Zeit,
Mitunter so thöricht und dumm,
So unverzeihlich zerstreut,
Willst wissen auch ohne Gnade,
Was denn so Liebes enthält
Die heimlich verschlossene Lade,
An die ich mich öfters gestellt?

Zwei Augen hab' ich gesehn,
Wie der Strahl im Gewässer sich bricht,
Und wo zwei Augen nur stehn,
Da denke ich an ihr Licht.
Ja, als du neulich entwandtest
Die Blume vom blühenden Rain,
Und "OCULUS CHRISTI" sie nanntest,
Da fielen die Augen mir ein.

Auch giebt's einer Stimme Ton,
Tief, zitternd, wie Hornes Hall,
Die thut's mir völlig zum Hohn,
Sie folget mir überall.
Als jüngst im flimmernden Saale
Mich quälte der Geigen Gegell,
Da hört ich mit einem Male
Die Stimme im Violoncell.

Auch weiß ich eine Gestalt,
So leicht und kräftig zugleich,
Die schreitet vor mir im Wald,
Und gleitet über den Teich;
Ja, als ich eben in Sinnen
Sah über des Mondes Aug'
Einen Wolkenstreifen zerrinnen,
Das war ihre Form, wie ein Rauch.

Und höre, höre zuletzt,
Dort liegt, da drinnen im Schrein,
Ein Tuch mit Blute genetzt,
Das legte ich heimlich hinein.
Er ritzte sich nur an der Schneide,
Als Beeren vom Strauch er mir hieb,
Nun hab' ich sie alle Beide,
Sein Blut und meine brennende Lieb'.

Der kranke Aar

Am dürren Baum, im fetten Wiesengras
Ein Stier behaglich wiederkäut' den Fraß;
Auf niederm Ast ein wunder Adler saß',
Ein kranker Aar mit gebrochnen Schwingen.

"Steig' auf, mein Vogel, in die blaue Luft,
Ich schau dir nach aus meinem Kräuterduft." -
"Weh, weh, umsonst die Sonne ruft
Den kranken Aar mit gebrochnen Schwingen!" -

"O Vogel, warst so stolz und freventlich
Und wolltest keine Fessel ewiglich!" -
"Weh, weh, zu Viele über mich,
Und Adler all, - brachen mir die Schwingen!"

"So flattre in dein Nest, vom Aste fort,
Dein Aechzen schier die Kräuter mir verdorrt:"
"Weh, weh, kein Nest hab' ich hinfort,
Verbannter Aar mit gebrochnen Schwingen!"

"O Vogel, wärst du eine Henne doch,
Dein Nestchen hättest du, im Ofenloch:"
"Weh, weh, viel lieber ein Adler noch,
Viel lieber ein Aar mit gebrochnen Schwingen!"

Neujahrsnacht

Im grauen Schneegestöber blassen
Die Formen, es zerfließt der Raum,
Laternen schwimmen durch die Gassen,
Und leise knistert es im Flaum;
Schon naht des Jahres letzte Stunde,
Und drüben, wo der matte Schein
Haucht aus den Fenstern der Rotunde,
Dort ziehn die frommen Beter ein.

Wie zu dem Richter der Bedrängte,
Ob dessen Haupt die Wage neigt,
Noch einmal schleicht eh der verhängte,
Der schwere Tag im Osten steigt,
Noch einmal faltet seine Hände
Um milden Spruch, so knien sie dort,
Still gläubig, daß ihr Flehen wende
Des Jahres ernstes Losungswort.

Ich sehe unter meinem Fenster
Sie gleiten durch den Nebelrauch,
Verhüllt und lautlos wie Gespenster,
Vor ihrer Lippe flirrt der Hauch;
Ein blasser Kreis zu ihren Füßen
Zieht über den verschneiten Grund,
Lichtfunken blitzen auf und schießen
Um der Laterne dunstig Rund.

Was mögen sie im Herzen tragen,
Wie manche Hoffnung, still bewacht!
Wie mag es unterm Vließe schlagen
So heiß in dieser kalten Nacht!
Fort keuchen sie, als möge fallen
Der Hammer, eh sie sich gebeugt,
Bevor sie an des Thrones Hallen
Die letzte Bittschrift eingereicht.

Dort hör ich eine Angel rauschen,
Vernehmlich wird des Kindes Schreyn,
Und die Gestalt - sie scheint zu lauschen,
Dann fürder schwimmt der Lampe Schein;
Noch einmal steigt sie, läßt die Schimmer
Verzittern an des Fensters Rand,
Gewiß, sie trägt ein Frauenzimmer,
Und einer Mutter fromme Hand!

Nun stampft es rüstig durch die Gasse,
Die Decke kracht vom schweren Tritt,
Der Krämer schleppt die Sündenmasse
Der bösen Zahler keuchend mit;
Und hinter ihm wie eine Docke
Ein armes Kind im Flitterstaat,
Mit seidnem Fähnchen, seidner Locke,
Huscht frierend durch den engen Pfad.

Ha, Schellenklingeln längs der Stiege!
Glutaugen richtend in die Höh',
'Ne kolossale Feuerfliege,
Rauscht die Karosse durch den Schnee;
Und Dämpfe qualmen auf und schlagen
Zurück vom Wirbel des Gespanns;
Ja, schwere Bürde trägt der Wagen,
Die Wünsche eines reichen Manns!

Und hinter ihm ein Licht so schwankend,
Der Täger tritt so sachte auf,
Nun lehnt er an der Mauer, wankend,
Sein hohler Husten schallt hinauf;
er öffnet der Laterne Reifen,
es zupfen Finger lang und fahl
Am Dochte, Odemzüge pfeifen, -
Du, Armer, kniest zum letztenmal.

Dann Licht an Lichtern längs der Mauer,
Wie Meteore irr geschaart,
Ein krankes Weib, in tiefer Trauer,
Husaren mit bereiftem Bart,
In Filz und Kittel stämmge Bauern,
Den Rosenkranz in starrer Faust,
Und Mädchen die wie Falken lauern,
Von Mantels Fittigen umsaust.

Wie oft hab' ich als Kind im Spiele
Gelauscht den Funken im Papier,
Der Sternchen zitterndem Gewühle,
Und: "Kirchengänger!" sagten wir;
So seh' ichs wimmeln um die Wette
Und löschen, wo der Pfad sich eint,
Nachzügler noch, dann grau die Stätte,
Nur einsam die Rotunde scheint.

Und mählig schwellen Orgelklänge
Wie Heroldsrufe an mein Ohr:
Knie nieder, Lässiger, und dränge
Auch deines Herzens Wunsch hervor!
"Du, dem Jahrtausende verrollen
Secundengleich, erhalte mir
Ein muthig Herz, ein redlich Wollen,
Und Fassung an des Grabes Thür."

Da, horch! - es summt durch Wind und Schlossen,
Gott gnade uns, hin ist das Jahr!
Im Schneegestäub' wie Schnee zerflossen,
Zukünftiges wird offenbar;
Von allen Thürmen um die Wette
Der Hämmer Schläge, daß es schallt,
Und mit dem letzten ist die Stätte
Gelichtet für den neuen Wald.

Der Theetisch

Läugnen willst du Zaubertränke,
Lachst mir höhnisch in die Zähne,
Wenn Isoldens ich gedenke,
Wenn Gudrunens ich erwähne?

Und was deine kluge Amme
In der Dämmrung dir vertraute,
Von Schneewittchen und der Flamme,
Die den Hexenschwaden braute;

Alles will dir nicht genügen,
Ueberweiser Mückensieber?
Nun, so laß die Feder liegen,
Schieb dich in den Cirkel, Lieber,

Wo des zopfigen Chinesen
Trank im Silberkessel zischet,
Sein Aroma auserlesen
Mit des Patschul's Düften mischet;

Wo ein schöner Geist, den Bogen
Feingefältelt in der Tasche,
Lauscht wie in den Redewogen
Er das Steuer sich erhasche;

Wo in zarten Händen hörbar
Blanke Nadelstäbe knittern,
Und die Herren stramm und ehrbar
Breiten ihrer Weisheit Flittern.

Alles scheint dir noch gewöhnlich,
Von der Sohle bis zum Scheitel,
Und du rufst, dem Weisen ähnlich:
"Alles unter'm Mond ist eitel!"

Dir genüber und zur Seite
Hier Christinos, dort Carlisten,
Lauter ordinäre Leute,
Deutsche Michel, gute Christen!

Aber sieh die weißen schmalen
Finger sich zum Griff bereiten,
Und die dampfumhüllten Schalen
Zierlich an die Lippen gleiten:

Noch Minuten - und die Stube
Ist zum Kiosk umgestaltet,
Wo der thränenreiche Bube,
Der Chinese zaubernd waltet;

Von der rosenfarbnen Rolle
Liest er seine Zauberreime,
Verse, zart wie Seidenwolle,
Süß wie Jungfernhonigseime;

"Ting, tang, tong" - das steigt und sinket,
Welch Gesäusel, welches Zischen!

Wie ein irres Hündlein hinket
Noch ein deutsches Wort dazwischen.

Und die süßen Damen lächeln,
Leise schaukelnde Pagoden;
Wie sie nicken, wie sie fächeln,
Wie der Knäuel hüpft am Boden!

Aber, weh, nun wird's gefährlich,
"Tschi, tsi, tsung." - Die Töne schneiden,
Schnell hinweg die Messer! schwerlich
Uebersteht er solche Leiden;

Denn er schaukelt und er dehnet
Ob der Zauberschale Rauche;
Weh, ich fürcht' am Boden stöhnet
Bald er mit geschlitztem Bauche!

Und die eingeschreckten Frauen
Sitzen stumm und abgetakelt,
Nur das schwanke Haupt vor Grauen
Noch im Pendelschwunge wackelt;

Tiefe Stille im Gemache -
Thrän' im Auge - Kummermiene, -
Und wie Glöckchen an dem Dache
Spielt die siedende Maschine;

Alle die gesenkten Köpfe
Blinzelnd nach des Tisches Mitten,
Wo die Brezel stehn, wie Zöpfe
In Verzweiflung abgeschnitten;

Suche sacht nach deinem Hute,
Freund, entschleiche unterm Lesen,
Sonst, ich schwör's bei meinem Blute,
Zaubern sie dich zum Chinesen,

Löst sich deines Frackes Wedel,
Unwillkührlich mußt du zischen,
Und von deinem weißen Schädel
Fühlst du Haar um Haar entwischen,

Bis dir blieb nur Eine Locke
Von des dunklen Wulstes Drängen,
Dich damit, lebend'ge Glocke,
An dem Kiosk aufzuhängen.

Der Tod des Erzbischofs Engelbert von Cöln

I

Der Anger dampft, es kocht die Ruhr,
Im scharfen Ost die Halme pfeifen,
Da trabt es sachte durch die Flur,
Da taucht es auf wie Nebelstreifen,
Da nieder rauscht es in den Fluß,
Und fliegt der Bug, die Hufe greifen.

Ein Schnauben noch, ein Satz, und frei
Das Roß schwingt seine nassen Flanken,
Und wieder ein, und wieder zwei,
bis fünf und zwanzig stehn wie Schranken:
Voran, voran durch Haid und Wald,
Und wo sich wüst das Dickicht ballt,
Da brechen knisternd sie die Ranken.

Am Eichstamm, im Ueberwind,
Um einen Ast den Arm geschlungen,
Der Isenburger steht und sinnt
Und naget an Erinnrungen.
Ob er vernimmt, was durch's Gezweig
Ihm Rinkerad, der Ritter bleich,
Raunt leise wie mit Vögelzungen?

"Graf," flüstert es, "Graf haltet dicht,
Mich dünkt, als woll' es euch bethören;
bei Christi Blute, laßt uns nicht
Heim wie gepeitschte Hunde kehren!
Wer hat gefesselt eure Hand,
Den freien Stegreif euch verrannt?"
Der Isenburger scheint nicht zu hören.

"Graf," flüstert es, "wer war der Mann,
Dem zu dem Kreuz die Rose paßte?
Wer machte euren Schwäher dann
In seinem eignen Land zum Gaste?
Und, Graf, wer höhnte euer Recht,
Wer stempelt euch zum Pfaffenknecht?" -
Der Isenburg biegt an dem Aste

"Und wer, wer hat euch zuerkannt,
Im härnen Sünderhemd zu stehen,
Die Schandekerz' in eurer Hand,
Und alte Vetteln anzuflehen
Um Kyrie und Litaney!" -
Da krachend bricht der Ast entzwei
Und wirbelt in des Sturmes Wehen.

Spricht Isenburg: "mein guter Fant,
Und meinst du denn ich sey begraben?
O laß mich nur in meiner Hand -
Doch ruhig, still, ich höre traben!"
Sie stehen lauschend, vorgebeugt;
Durch das Gezweig der Helmbusch steigt
Und flattert drüber gleich dem Raben.

II

Wie dämmerschaurig ist der Wald
An neblichten Novembertagen,
Wie wunderlich die Wildniß hallt
Von Astgestöhn und Windesklagen!
"Horch, Knabe, war das Waffenklang?" -
"Nein, gnäd'ger Herr! ein Vogel sang,
Von Sturmesflügeln hergetragen." -

Fort trabt der mächtige Prälat,
Der kühne Erzbischof von Cöllen,
Er, den der Kaiser sich zum Rath
Und Reichsverweser mochte stellen,
Die ehrne Hand der Clerisey, -
Zwei Edelknaben, Reis'ger zwei,
Und noch drei Aebte als Gesellen.

Gelassen trabt er fort, im Traum
Von eines Wunderdomes Schöne,
Auf seines Rosses Hals den Zaum,
Er streicht ihm sanft die dichte Mähne,
Die Windesodem senkt und schwellt; -
Es schaudert, wenn ein Tropfen fällt
Von Ast und Laub, des Nebels Thräne.

Schon schwindelnd steigt das Kirchenschiff,
Schon bilden sich die krausen Zacken -
Da, horch, ein Pfiff und hui, ein Griff,
Ein Helmbusch hier, ein Arm im Nacken!
Wie Schwarzwildrudel bricht's heran,
Die Aebte fliehn wie Spreu, und dann
Mit Reisigen sich Reis'ge packen.

Ha, schnöder Straus! zwei gegen zehn!
Doch hat der Fürst sich losgerungen,
Er peitscht sein Thier und mit Gestöhn
Hat's über'n Hohlweg sich geschwungen;
Die Gerte pfeift - " Weh, Rinkerad!" -
Vom Rosse gleitet der Prälat
Und ist in's Dickicht dann gedrungen.

"Hussah, hussah, erschlagt den Hund,
Den stolzen Hund!" und eine Meute
Fährt's in den Wald, es schließt ein Rund,
Dann vor - und rückwärts und zur Seite;
Die Zweige krachen - ha es naht -
Am Buchenstamm steht der Prälat
Wie ein gestellter Eber heute.

Er blickt verzweifelnd auf sein Schwert,
Er löst die kurze breite Klinge,
Dann prüfend unter'n Mantel fährt
Die Linke nach dem Panzerringe;
Und nun wohlan, er ist bereit,
Ja männlich focht der Priester heut,
Sein Streich war eine Flammenschwinge.

Das schwirrt und klingelt durch den Wald,
Die Blätter stäuben von den Eichen,
Und über Arm und Schädel bald
Blutrothe Rinnen tröpfeln, schleichen;
Entwaffnet der Prälat noch ringt,
Der starke Mann, da zischend dringt
ein falscher Dolch ihm in die Weichen.

Ruft Isenburg: "es ist genug,
Es ist zuviel!" und greift die Zügel;
Noch sah er wie ein Knecht ihn schlug,
Und riß den Wicht am Haar vom Bügel.
"Es ist zuviel, hinweg, geschwind!"
Fort sind sie, und ein Wirbelwind
Fegt ihnen nach wie Eulenflügel.- -

Des Sturmes Odem ist verrauscht,
Die Tropfen glänzen an dem Laube,
Und über Blutes Lachen lauscht
Aus hohem Loch des Spechtes Haube;
Was knistert nieder von der Höh'
Und schleppt sich wie ein krankes Reh?
Ach armer Knabe, wunde Taube!

"Mein gnädiger, mein lieber Herr,
So mußten dich die Mörder packen?
Mein frommer, o mein Heiliger!"
Das Tüchlein zerrt er sich vom Nacken,
Er drückt es auf die Wunde dort,
Und hier und drüben, immerfort.
Ach, Wund' an Wund' und blut'ge Zacken!

"Ho, Hollah ho!" dann beugt er sich
Und späht, ob noch der odem rege;
War's nicht als wenn ein Seufzer schlich,
Als wenn ein Finger sich bewege? -
"Ho, hollah ho!" - " Halloh, hoho!"
Schallt's wieder um, deß war er froh:
"Sind unsre Reuter allewege!"

III

Zu Cöln am Rheine kniet ein Weib
Am Rabensteine unter'm Rade,
Und über'm Rade liegt ein Leib,
An dem sich weiden Kräh' und Made;
Zerbrochen ist sein Wappenschild,
Mit Trümmern seine Burg gefüllt,
Die Seele steht bei Gottes Gnade.

Den Leib des Fürsten hüllt der Rauch
Von Ampeln und von Weihrauchschwehlen -
Um seinen qualmt der Moderhauch
Und Hagel peitscht der Rippen Höhlen;
Im Dome steigt ein Trauerchor,
Und ein Tedeum stieg empor
Bei seiner Qual aus Tausend Kehlen.

Und wenn das Rad der Bürger sieht,
Dann läßt er rasch sein Rößlein traben,

Doch eine bleiche Frau die kniet,
Und scheucht mit ihrem Tuch die Raben:
Um sie mied er die Schlinge nicht,
Er war ihr Held, er war ihr Licht -
Und ach, der Vater ihrer Knaben

Das Fegefeuer des westphälischen Adels

Wo der selige Himmel, das wissen wir nicht,
Und nicht, wo der gräuliche Höllenschlund,
Ob auch die Wolke zittert im Licht,
Ob siedet und qualmet Vulkanes Mund;
Doch wo die westphälischen Edeln müssen
Sich sauber brennen ihr rostig Gewissen,
Das wissen wir alle, das ward uns kund.

Grau war die Nacht, nicht öde und schwer,
Ein Aschenschleier hing in der Luft;
Der Wanderbursche schritt flink einher,
Mit Wollust saugend den Heimatduft;
O bald, bald wird er schauen sein Eigen,
Schon sieht am Lutterberge er steigen
Sich leise schattend die schwarze Kluft.

Er richtet sich, wie Trompetenstoß
Ein Hollah ho! seiner Brust entsteigt -
Was ihm im Nacken? ein schnaubend Roß,
An seiner Schulter es rasselt, keucht,
Ein Rappe - grünliche Funken irren
Ueber die Flanken, die knistern und knirren,
Wie wenn man den murrenden Kater streicht.

"Jesus Maria!" - er setzt seitab,
Da langt vom Sattel es überzwerg -
Ein eherner Griff, und in wüstem Trab
Wie Wind und Wirbel zum Lutterberg!
An seinem Ohre hört er es raunen
Dumpf und hohl, wie gedämpfte Posaunen,
So an ihm raunt der gespenstige Scherg':

"Johannes Deweth! ich kenne dich!
Johann! du bist uns verfallen heut!
Bei deinem Heile, nicht lach' noch sprich,
Und rühre nicht an was man dir beut;
Vom Brode nur magst du brechen in Frieden,
Ewiges Heil ward dem Brode beschieden,
Als Christus in froner Nacht es geweiht!" -

Ob mehr gesprochen, man weiß es nicht,
Da seine Sinne der Bursche verlor,
Und spät erst hebt er sein bleiches Gesicht
Vom Estrich einer Halle empor;
Um ihn Gesumme, Geschwirr, Gemunkel,
Von tausend Flämmchen ein mattes Gefunkel,
Und drüber schwimmend ein Nebelflor.
Er reibt die Augen, er schwankt voran,
An hundert Tischen, die Hallen entlang,
All edle Geschlechter, so Mann an Mann;
Es rühren die Gläser sich sonder Klang,
Es regen die Messer sich sonder Klirren,
Wechselnde Reden summen und schwirren,
Wie Glockengeläut, ein wirrer Gesang.

Ob jedem Haupte des Wappens Glast,
Das langsam schwellende Tropfen speit,
Und wenn sie fallen, dann zuckt der Gast,
Und drängt sich einen Moment zur Seit';
Und lauter, lauter dann wird das Rauschen,
Wie Stürme die zornigen Seufzer tauschen,
Und wirrer summet das Glockengeläut.

Strack steht Johann wie ein Lanzenknecht,
Nicht möchte der gleißenden Wand er trau'n,
Noch wäre der glimmernde Sitz ihm recht,
Wo rutschen die Knappen mit zuckenden Brau'n.
Da muß, o Himmel, wer sollt' es denken!
Den frommen Herrn, den Friedrich von Brenken,
Den alten stattlichen Ritter er schaun.

"Mein Heiland, mach' ihn der Sünden baar!"
Der Jüngling seufzet in schwerem Leid;
Er hat ihm gedienet ein ganzes Jahr;
Doch ungern kredenzt er den Becher ihm heut!
Bei jedem Schlucke sieht er ihn schüttern,
Ein blaues Wölkchen dem Schlund entzittern,
Wie wenn auf Kohlen man Weihrauch streut.

O manche Gestalt noch dämmert ihm auf,
Dort sitzt sein Pathe, der Metternich,
Und eben durch den wimmelnden Hauf
Johann von Spiegel, der Schenke, strich;
Prälaten auch, je viere und viere,
Sie blättern und rispeln im grauen Breviere,
Und zuckend krümmen die Finger sich.

Und unten im Saale, da knöcheln frisch
Schaumburger Grafen um Leut' und Land,
Graf Simon schüttelt den Becher risch,
Und reibt mitunter die knisternde Hand;
Ein Knappe nahet, er surret leise -
Ha, welches Gesummse im weiten Kreise,
Wie hundert Schwärme am Klippenrand!

"Geschwind den Sessel, den Humpen werth,
Den schleichenden Wolf geschwinde herbei!"
Horch, wie es draußen rasselt und fährt!
Baarhaupt stehet die Massoney,
Hundert Lanzen drängen nach binnen,
Hundert Lanzen und mitten darinnen
Der Asseburger, der blutige Weih!

Und als ihm alles entgegen zieht,
Da spricht Johannes ein Stoßgebet:
Dann risch hinein! sein Ermel sprüht,
Ein Funken über die Finger ihm geht.
Voran - da "sieben" schwirren die Lüfte
"Sieben, sieben, sieben," die Klüfte,
"In sieben Wochen, Johannes Deweth!"

Der sinkt auf schwellenden Rasen hin,
Und schüttelt gegen den Mond die Hand,
Drei Finger die bröckeln und stäuben hin,

Zu Asch' und Knöchelchen abgebrannt.
Er rafft sich auf, er rennt, er schießet,
Und ach, die Vaterklause begrüßet
Ein grauer Mann, von Keinem gekannt,

Der nimmer lächelt, nur des Gebets
Mag pflegen drüben im Klosterchor,
Denn "sieben, sieben," flüstert es stets,
Und "sieben Wochen" ihm in das Ohr.
Und als die siebente Woche verronnen,
Da ist er versiegt wie ein dürrer Bronnen,
Gott hebe die arme Seele empor!

Der Fundator

Im Westen schwimmt ein falber Strich,
Der Abendstern entzündet sich
Grad' über'm Sankt Georg am Thore;
Schwer haucht der Dunst vom nahen Moore.
Schlaftrunkne Schwäne kreisen sacht
Um's Eiland, wo die graue Wacht
Sich hebt aus Wasserbins' und Rohre.

Auf ihrem Dach die Fledermaus,
Sie schaukelt sich, sie breitet aus
Den Rippenschirm des Schwingenflosses,
Und, mit dem Schwirren des Geschosses,
Entlang den Teich, hinauf, hinab,
Dann klammert sie am Fensterstab,
Und blinzt in das Gemach des Schlosses.

Ein weit Gelaß, im Sammetstaat!
Wo einst der mächtige Prälat
Des Hauses Chronik hat geschrieben.
Frisch ist der Baldachin geblieben,
Der güldne Tisch, an dem er saß,
Und seine Seelenmesse las
Man heut in der Kapelle drüben.

Heut sind es grade hundert Jahr,
Seit er gelegen auf der Bahr'
Mit seinem Kreuz und Silberstabe.
Die ewge Lamp' an seinem Grabe
Hat heute hundert Jahr gebrannt.
In seinem Sessel an der Wand
Sitzt heut ein schlichter alter Knabe.

Des Hauses Diener, Sigismund,
Harrt hier der Herrschaft, Stund' auf Stund:
Schon kam die Nacht mit ihren Flören,
Oft glaubt die Kutsche er zu hören,
Ihr Quitschern in des Weges Kies,
Er richtet sich - doch nein - es blies
Der Abendwind nur durch die Föhren.

'S ist eine Dämmernacht, genau
Gemacht für Alp und weiße Frau.
Dem Junkerlein ward es zu lange,
Dort schläft es hinter'm Damasthange.
Die Chronik hält der Alte noch,
Und blättert fort im Finstern, doch
Im Ohre summt es gleich Gesange:
"So hab' ich dieses Schloß erbaut,
Ihm mein Erworbnes anvertraut,
Zu des Geschlechtes Nutz und Walten;
Ein neuer Stamm sprießt aus dem alten,
Gott segne ihn! Gott mach' ihn groß! - "
Der Alte horcht, das Buch vom Schooß
Schiebt sacht er in der Lade Spalten:

Nein - durch das Fenster ein und aus
Zog schrillend nur die Fledermaus;
Nun schießt sie fort. - Der Alte lehnet

Am Simse. Wie der Teich sich dehnet
Um's Eiland, wo der Warte Rund
Sich tief schattirt im matten Grund.
Das Röhricht knirrt, die Unke stöhnet.

Dort, denkt der Greis, dort hat gewacht
Der alte Kirchenfürst, wenn Nacht
Sich auf den Weiher hat ergossen,
Dort hat den Reiher er geschossen,
Und zugeschaut des Schlosses Bau,
Sein weiß Habit, sein Auge grau,
Lugt' drüben an den Fenstersprossen.

Wie scheint der Mond so kümmerlich!
- Er birgt wohl hinter'm Tanne sich -
Schaut nicht der Thurm wie 'ne Laterne,
Verhauchend, dunstig, aus der Ferne!
Wie steigt der blaue Duft im Rohr,
Und rollt sich am Gesims empor!
Wie seltsam blinken heut die Sterne!

Doch ha! - er blinzt, er spannt das Aug',
Denn dicht und dichter schwillt der Rauch,
Als ob ein Docht sich langsam fache,
Entzündet sich im Thurmgemache
Wie Mondenschein ein graues Licht,
Und dennoch - dennoch - las er nicht,
Nicht Neumond heut im Almanache? -

Was ist das ? deutlich, nur getrübt
Vom Dunst der hin und wieder schiebt,
Ein Tisch, ein Licht, in Thurmes Mitten,
Und nun, - nun kömmt es hergeschritten,
Ganz wie ein Schatten an der Wand,
Es hebt den Arm, es regt die Hand, -
Nun ist es an den Tisch geglitten.

Und nieder sitzt es, langsam, steif,
Was in der Hand? - ein weißer Streif! -
Nun zieht es Etwas aus der Scheiden
Und fingert mit den Händen beiden,
ein Ding, - ein Stäbchen ungefähr, -
Dran fährt es langsam hin und her,
Es scheint die Feder anzuschneiden.

Der Diener blinzt und blinzt hinaus:
Der Schemen schwankt und bleichet aus,
Noch sieht er es die Feder tunken,
Da drüber gleitet es wie Funken,
Und in demselbigen Moment
Ist Alles in das Element
Der spurlos finstern Nacht versunken.

Noch immer steht der Sigismund,
Noch starrt er nach der Warte Rund,
Ihn dünkt, des Weihers Flächen rauschen,
Weit beugt er über'n Sims, zu lauschen;
Ein Ruder! - nein, die Schwäne ziehn!
Grad hört er längs dem Ufergrün
Sie sacht ihr tiefes Schnarchen tauschen.

Er schließt das Fenster. - "Licht, o Licht!" -
Doch mag das Junkerlein er nicht
So plötzlich aus dem Schlafe fassen,
Noch minder es im Saale lassen.
Sacht schiebt er sich dem Sessel ein,
Zieht sein korallnes Nösterlein,
- Was klingelt drüben an den Tassen? -

Nein - eine Fliege schnurrt im Glas!
Dem Alten wird die Stirne naß;
Die Möbeln stehn wie Todtenmaale,
Es regt und rüttelt sich im Saale,
Allmählig weicht die Thür zurück,
Und in demselben Augenblick
Schlägt an die Dogge im Portale.

Der Alte drückt sich dicht zu Hauf,
Er lauscht mit Doppelsinnen auf,
- Ja! am Parket ein leises Streichen,
Wie Wiesel nach der Stiege schleichen -
Und immer härter, Tapp an Tapp,
Wie mit Sandalen, auf und ab,
Es kömmt - es naht - er hört es keuchen; -

Sein Sessel knackt! - ihm schwimmt das Hirn -
Ein Odem, dicht an seiner Stirn!
Da fährt er auf und wild zurücke,
Errafft das Kind mit blindem Glücke
Und stürzt den Corridor entlang.
O, Gott sey Dank! ein Licht im Gang,
die Kutsche rasselt auf die Brücke!

Vorgeschichte (SECOND SIGHT)

Kennst du die Blassen im Haideland,
Mit blonden flächsenen Haaren?
Mit Augen so klar wie an Weihers Rand
Die Blitze der Welle fahren?
O sprich ein Gebet, inbrünstig, ächt,
Für die Seher der Nacht, das gequälte Geschlecht.

So klar die Lüfte, am Aether rein
Träumt nicht die zarteste Flocke,
Der Vollmond lagert den blauen Schein
Auf des schlafenden Freiherrn Locke,
Hernieder bohrend in kalter Kraft
Die Vampyrzunge, des Strahles Schaft.

Der Schläfer stöhnt, ein Traum voll Noth
Scheint seine Sinne zu quälen,
Es zuckt die Wimper, ein leises Roth
Will über die Wange sich stehlen;
Schau, wie er woget und rudert und fährt,
Wie Einer so gegen den Strom sich wehrt.

Nun zuckt er auf - ob ihn geträumt,
Nicht kann er sich dessen entsinnen -
Ihn fröstelt, fröstelt, ob's drinnen schäumt
Wie Fluthen zum Strudel rinnen;
Was ihn geängstet, er weiß es auch:
Es war des Mondes giftiger Hauch.

O Fluch der Haide, gleich Ahasver
Unter'm Nachtgestirne zu kreisen!
Wenn seiner Strahlen züngelndes Meer
Aufbohrt der Seele Schleusen,
Und der Prophet, ein verzweifelnd Wild,
Kämpft gegen das mählig steigende Bild.

Im Mantel schaudernd mißt das Parquet
Der Freiherr die Läng' und Breite,
Und wo am Boden ein Schimmer steht,
Weitaus er beuget zur Seite,
Er hat einen Willen und hat eine Kraft,
Die sollen nicht liegen in Blutes Haft.

Es will ihn krallen, es saugt ihn an,
Wo Glanz die Scheiben umgleitet,
Doch langsam weichend, Spann' um Spann',
Wie ein wunder Edelhirsch schreitet,
In immer engeren Kreis gehetzt,
Des Lagers Pfosten ergreift er zuletzt.

Da steht er keuchend, sinnt und sinnet,
Die müde Seele zu laben,
Denkt an sein liebes einziges Kind,
Seinen zarten, schwächlichen Knaben,
Ob dessen Leben des Vaters Gebet
Wie eine zitternde Flamme steht.

Hat er des Kleinen Stammbaum doch
Gestellt an des Lagers Ende,
Nach dem Abendkusse und Segen noch
Drüber brünstig zu falten die Hände;
Im Monde flimmernd das Pergament
Zeigt Schild an Schilder, schier ohne End'.

Rechtsab des eigenen Blutes Gezweig,
Die alten freiherrlichen Wappen,
Drei Rosen im Silberfelde bleich,
Zwei Wölfe schildhaltende Knappen,
Wo Ros' an Rose sich breitet und blüht,
Wie über'm Fürsten der Baldachin glüht.

Und links der milden Mutter Geschlecht,
Der Frommen in Grabeszellen,
Wo Pfeil' an Pfeile, wie im Gefecht,
Durch blaue Lüfte sich schnellen.
Der Freiherr seufzt, die Stirn gesenkt,
Und - steht am Fenster, bevor er's denkt.

Gefangen! gefangen im kalten Stral!
In dem Nebelnetze gefangen!
Und fest gedrückt an der Scheib' Oval,
Wie Tropfen am Glase hangen,
Verfallen sein klares Nixenaug'
Der Haidequal in des Mondes Hauch.

Welch ein Gewimmel! - er muß es sehn,
Ein Gemurmel! - er muß es hören,
Wie eine Säule, so muß er stehn,
Kann sich nicht regen noch kehren.
Es summt im Hofe ein dunkler Hauf,
Und einzelne Laute dringen hinauf.

Hei! eine Fackel! sie tanzt umher,
Sich neigend, steigend in Bogen,
Und nickend, zündend, ein Flammenheer
Hat den weiten Estrich umzogen.
All' schwarze Gestalten im Trauerflor
Die Fackeln schwingen und halten empor.

Und Alle gereihet am Mauerrand,
Der Freiherr kennet sie Alle;
Der hat ihm so oft die Büchse gespannt,
Der pflegte die Ross' im Stalle,
Und der so lustig die Flasche leert,
Den hat er siebenzehn Jahre genährt.

Nun auch der würdige Kastellan,
Die breite Pleureuse am Hute,
Den sieht er langsam, schlurfend nahn,
Wie eine gebrochene Ruthe;
Noch deckt das Pflaster die dürre Hand,
Versengt erst gestern an Heerdes Brand.

Ha, nun das Roß! aus des Stalles Thür,
In schwarzem Behang und Flore;
O, ist's Achill, das getreue Thier?
Oder ist's seines Knaben Medore?
Er starret, starrt und sieht nun auch,
Wie es hinkt, vernagelt nach altem Brauch.

Entlang der Mauer das Musikchor,
In Krepp gehüllt die Posaunen,
Haucht prüfend leise Cadenzen hervor,
Wie träumende Winde raunen;
Dann Alles still. O Angst! o Qual!
Es tritt der Sarg aus des Schlosses Portal.

Wie prahlen die Wappen, farbig grell
Am schwarzen Sammet der Decke.
Ha! Ros' an Rose, der Todesquell
Hat gespritzet blutige Flecke!
Der Freiherr klammert das Gitter an:
"Die andre Seite!" stöhnet er dann.

Da langsam wenden die Träger, blank
Mit dem Monde die Schilder kosen.
"O," - seufzt der Freiherr - "Gott sey Dank!
Kein Pfeil, kein Pfeil, nur Rosen!"
Dann hat er die Lampe still entfacht,
Und schreibt sein Testament in der Nacht.

Der Graue

Im Walde steht die kleine Burg,
Aus rohem Quaderstein gefugt,
Mit Schart' und Fensterlein, wodurch
Der Doppelhaken einst gelugt,
Am Teiche rauscht des Rohres Speer,
Die Brücke wiegt und knarrt im Sturm,
Und in des Hofes Mitte, schwer,
Plump wie ein Mörser, steht der Thurm.

Da siehst du jetzt umher gestellt
Manch' feuerrothes Ziegeldach,
Und wie der Stempel steigt und fällt,
So pfeift die Dampfmaschine nach;
Es knackt die Form, der Bogen schrillt,
Es dunstet Scheidewassers Näh`,
Und über'm grauen Wappenschild
Liest man: MOULIN A PAPIER.

Doch wie der Kessel quillt und schäumt,
Den Brüß'ler Kaufherrn freut es kaum,
Der hatte einmal sich geträumt
Von Land und Luft den feinsten Traum;
Das war so recht ein Fleckchen, sich
Zu retten aus der Zahlen Haft!
Nicht groß, und doch ganz adelich,
Und brauchte wenig Dienerschaft.

Doch eine Nacht nur macht' er sich
Bequem es - oder unbequem -
In seinem Schlößchen, und er strich
Nur wie ein Vogel dran seitdem.
Sah dann er zu den Fenstern auf,
Verschlossen wie die Sakristei'n,
So zog er wohl die Schultern auf,
Mit einem Seufzer, oder zwei'n

Es war um die Septemberzeit,
Als, schürend des Kamines Brand,
Gebückt, in regenfeuchtem Kleid,
Der Hausherr in der Halle stand,
Er und die Gäste, All' im Rauch;
Van Neelen, Redel, Verney, Dahm,
Und dann der blonde Waller auch,
Der eben erst aus Smyrna kam.

Im Schlote schnob der Wind, es goß
Der Regen sprudelnd sich vom Dach,
Und wenn am Brand ein Flämmchen schoß,
Schien doppelt öde das Gemach.
Die Gäste waren all' zur Hand,
Erleichternd ihres Wirthes Müh`,
Van Neelen nur am Fenster stand,
Und schimpfte auf die Landparthie.

Doch nach und nach mag's besser gehn,
Schon hat der Wind die Glut gefacht,
Den Regen läßt man draußen stehen,
Champagnerflaschen sind gebracht.

Die Leuchter hatten wenig Werth,
Es gieng wie beim Studentenfest:
Sobald die Flasche ist geleert,
Wird eine Kerze drauf gepreßt.

Je mehr es fehlt, so mehr man lacht,
Der Wein ist heiß, die Kost gewählt,
Manch' derbes Späßchen wird gemacht,
Und mancher feine Streich erzählt.
Zuletzt von Wein und Reden glüh,
Rückt seinen Stuhl der Herr vom Haus:
"Ich lud Euch zu 'ner Landparthie,
Es ward 'ne Wasserfahrt daraus."

"Doch da die allerschönste Fracht
Am Ende nach dem Hafen schifft,
So, meine Herren, gute Nacht!
Und nehmt vorlieb, wie es sich trifft."
Da lachend nach den Flaschen greift
Ein Jeder. - Thüren auf und zu. -
Und Waller, noch im Gehen, streift
Aus seinem Frack den Ivanhoe.

Es war tief in die Nacht hinein,
Und draußen heulte noch der Sturm,
Schnob zischend an dem Fensterstein
Und drillt den Glockenstrang am Thurm.
In seinem Bette Waller lag,
Und las so scharf im Ivanhoe,
Daß man gedacht, bevor es Tag
Sey Englands Königreich in Ruh.

Er sah nicht, daß die Kerze tief
Sich brannte in der Flasche Rand,
Der Talg in schweren Tropfen lief,
Und drunten eine Lache stand.
Wie träumend hört' er das Geknarr
Der Fenster, vom Rouleau gedämpft,
Und wie die Thüre mit Geschnarr
In ihren Angeln zuckt und kämpft.

Sehr freut er sich am Bruder Tuck,
- Die Sehne schwirrt, es rauscht der Hain -
Da plötzlich ein gewalt'ger Ruck,
Und, hui! die Scheibe klirrt hinein.
Er fuhr empor, - weg war der Traum -
Und deckte mit der Hand das Licht,
Ha! wie so wüst des Zimmers Raum!
Selbst ein romantisches Gedicht!

Der Sessel feudalistisch Gold -
Am Marmortisch die Greifenklau' -
Und über'm Spiegel flatternd rollt,
Ein Banner, der Tapete Blau,
Im Zug der durch die Lücke schnaubt;
Die Ahnenbilder leben fast,
Und schütteln ihr behelmtes Haupt
Ergrimmt ob dem plebejen Gast.

Der blonde Waller machte gern
Sich selber einen kleinen Graus,
So nickt er spöttisch gen die Herrn,
Als fordert' er sie keck heraus.
Die Glocke summt - schon Eins fürwahr!
Wie eine Boa dehnt' er sich,
Und sah nach dem Pistolenpaar,
Dann rüstet er zum Schlafe sich.

Die Flasche hob er einmal noch
Und leuchtete die Wände an,
Ganz wie 'ne alte Halle doch
Aus einem Scottischen Roman!
Und - ist das Nebel oder Rauch,
Was durch der Thüre Spalten quillt,
Und, wirbelnd in des Zuges Hauch,
Die dunstigen Paneele füllt?

Ein Ding - ein Ding - wie Grau in Grau,
Die Formen schwanken - sonderbar! -
Doch, ob der Blick sich schärft? den Bau
Von Gliedern nimmt er mählig wahr.
Wie über'm Eisenhammer, schwer
Und schwarz, des Rauches Säule wallt;
Ein Zucken flattert drüben her,
Doch - hat es menschliche Gestalt!

Er war ein hitziger Kumpan,
Wenn Wein die Lava hat geweckt.
" QUI VIVE!" - und leise knackt der Hahn,
Der Waller hat den Arm gestreckt:
" QUI VIVE!" - 'ne Pause, "OU JE TIRE!"
Und aus dem Lauf die Kugel knallt;
Er hört sie schlagen an die Thür,
Und abwärts prallen mit Gewalt.

Der Schuß dröhnt am Gewölbe nach,
Und, eine schwere Nebelschicht,
Füllt Pulverbrodem das Gemach;
Er theilt sich, schwindet, das Gesicht
Steht in des Zimmers Mitte jetzt,
Ganz wie ein graues Bild von Stein,
Die Formen scharf und unverletzt,
Die Züge edel, streng und rein.

Auf grauer Locke grau Barett,
Mit grauer Hahnenfeder drauf.
Der Waller hat so sacht und nett
Sich hergelangt den zweiten Lauf.
Noch zögert er - ist es ein Bild,
Wär's zu zerschießen lächerlich;
Und wär's ein Mensch - das Blut ihm quillt -
Ein Geck, der unterfinge sich -?!

Ein neuer Ruck, und wieder Knall
Und Pulverrauch - war das Gestöhn?
Er hörte keiner Kugel Prall -
Es ist vorüber! ist geschehn!
Der Waller zuckt: "verdammtes Hirn!"
Mit einmal ist er kalt wie Eis,
Der Angstschweiß tritt ihm auf die Stirn,
Er starret in den Nebelkreis.

Ein Aechzen! oder Windeshauch! –
Doch nein, der Scheibensplitter schwirrt.
O Gott, es zappelt! – nein – der Rauch
Gedrängt vom Zuge schwankt und irrt;
Es wirbelt aufwärts, woget, wallt,
Und, wie ein graues Bild von Stein,
Steht nun am Bette die Gestalt,
Da, wo der Vorhang sinkt hinein.

Und drüber knistert's, wie von Sand,
Wie Funke, der elektrisch lebt;
Nun zuckt ein Finger – nun die Hand –
Allmählig nun ein Fuß sich hebt, –
Hoch – immer höher – Waller winkt;
Dann macht er schnell gehörig Raum,
Und langsam in die Kissen sinkt
Es schwer, wie ein gefällter Baum.

"AH, JE TE TIENS!" er hat's gepackt,
Und schlingt die Arme wie 'nen Strick, –
Ein Leichnam! todessteif und nackt!
Mit einem Ruck fährt er zurück;
Da wälzt es langsam, schwer wie Blei,
Sich gleich dem Mühlstein über ihn;
Da that der Waller einen Schrei,
Und seine Sinne waren hin.

Am nächsten Morgen fand man kalt
Ihn im Gemache ausgestreckt;
'S war eine Ohnmacht nur, und bald
Ward zum Bewußtsein er geweckt.
Nicht irre war er, nur gepreßt,
Und fragt: "ob Keiner ward gestört?"
Doch Alle schliefen überfest,
Nicht einer hat den Schuß gehört.

So ward es denn für Traum sogleich,
Und Alles für den Alp erkannt;
Doch zog man sich aus dem Bereich,
Und trollte hurtig über Land.
Sie waren Alle viel zu klug,
Und vollends zu belesen gar;
Allein der blonde Waller trug
Seit dieser Nacht eisgraues Haar.

Das Fräulein von Rodenschild

Sind denn wo schwül die Nächt' im April?
Oder ist so siedend jungfräulich' Blut?
Sie schließt die Wimper, sie liegt so still,
Und horcht des Herzens pochender Fluth.
"O will es denn nimmer und nimmer tagen!
O will denn nicht endlich die Stunde schlagen!
Ich wache, und selbst der Seiger ruht!

Doch horch! es summt, eins, zwei und drei, –
Noch immer fort? – sechs, sieben und acht,
Elf, zwölf, – o Himmel, war das ein Schrei?
Doch nein, Gesang steigt über der Wacht,
Nun wird mir's klar, mit frommem Munde
Begrüßt das Hausgesinde die Stunde,
Anbrach die hochheilige Osternacht."

Seitab das Fräulein die Kissen stößt,
Und wie eine Hinde vom Lager setzt,
Sie hat des Mieders Schleifen gelöst,
In's Häubchen drängt sie die Locken jetzt,
Dann leise das Fenster öffnend, leise,
Horcht sie der mählig schwellenden Weise,
Vom wimmernden Schrei der Eule durchsetzt.

O dunkel die Nacht! und schaurig der Wind!
Die Fahnen wirbeln am knarrenden Thor, –
Da tritt aus der Halle das Hausgesind'
Mit Blendlaternen und einzeln vor.
Der Pförtner dehnt sich, halb schon träumend,
Am Dochte zupfet der Jäger säumend,
Und wie ein Oger gähnet der Mohr.

Was ist? – wie das auseinander schnellt!
In Reihen ordnen die Männer sich,
Und eine Wacht vor die Dirnen stellt
Die graue Zofe sich ehrbarlich,
"Ward ich gesehn an des Vorhangs Lücke?
Doch nein, zum Balkone starren die Blicke,
Nun langsam wenden die Häupter sich."

"O weh meine Augen! bin ich verrückt?
Was gleitet entlang das Treppengeländ?
Hab' ich nicht so aus dem Spiegel geblickt?
Das sind meine Glieder, – welch ein Geblend'!
Nun hebt es die Hände, wie Zwirnes Flocken,
Das ist mein Strich über Stirn und Locken! –
Weh, bin ich toll, oder nahet mein End'!"
Das Fräulein erbleicht und wieder erglüht,
Das Fräulein wendet die Blicke nicht,
Und leise rührend die Stufen zieht
Am Steingeländ das Nebelgesicht,
In seiner Rechten trägt es die Lampe,
Ihr Flämmchen zittert über der Rampe,
Verdämmernd, blau, wie ein Elfenlicht.

Nun schwebt es unter dem Sternendom,
Nachtwandlern gleich in Traumes Geleit,
Nun durch die Reihen zieht das Phantom,

Und Jeder tritt einen Schritt zur Seit'. -
Nun lautlos gleitet's über die Schwelle, -
Nun wieder drinnen erscheint die Helle,
Hinauf sich windend die Stiegen breit.

Das Fräulein hört das Gemurmel nicht,
Sieht nicht die Blicke, stier und verscheucht,
Fest folgt ihr Auge dem bläulichen Licht,
Wie dunstig über die Scheiben es streicht.
- Nun ists im Saale - nun im Archive -
Nun steht es still an der Nische Tiefe -
Nun matter, matter, - ha! es erbleicht!

"Du sollst mir stehen! ich will dich fahn!"
Und wie ein Aal die beherzte Maid
Durch Nacht und Krümmen schlüpft ihre Bahn,
Hier droht ein Stoß, dort häkelt das Kleid,
Leis tritt sie, leise, o Geistersinne
Sind scharf! daß nicht das Gesicht entrinne!
Ja, muthig ist sie, bei meinem Eid!

Ein dunkler Rahmen, Archives Thor;
- Ha, Schloß und Riegel! - sie steht gebannt,
Sacht, sacht das Auge und dann das Ohr
Drückt zögernd sie an der Spalte Rand,
Tiefdunkel drinnen - doch einem Rauschen
Der Pergamente glaubt sie zu lauschen,
Und einem Streichen entlang der Wand.

So niederkämpfend des Herzens Schlag,
Hält sie, den Odem, sie lauscht, sie neigt -
Was dämmert ihr zur Seite gemach?
Ein Glühwurmleuchten - es schwillt, es steigt,
Und Arm an Arme, auf Schrittes Weite,
Lehnt das Gespenst an der Pforte Breite,
Gleich ihr zur Nachbarspalte gebeugt.

Sie fährt zurück, - das Gebilde auch -
Dann titt sie näher - so die Gestalt -
Nun stehen die Beiden, Auge in Aug',
Und bohren sich an mit Vampyres Gewalt.
Das gleiche Häubchen decket die Locken,
Das gleiche Linnen, wie Schneees Flocken,
Gleich ordnungslos um die Glieder wallt.

Langsam das Fräulein die Rechte streckt,
Und langsam, wie aus der Spiegelwand,
Sich Linie um Linie entgegen reckt
Mit gleichem Rubine die gleiche Hand;
Nun rührt sich's - die Lebendige spüret
Als ob ein Luftzug schneidend sie rühret,
Der Schemen dämmert, - zerrinnt - entschwand.

Und wo im Saale der Reihen fliegt,
Da siehst ein Mädchen du, schön und wild,
- Vor Jahren hat's eine Weile gesiecht -
Das stets in den Handschuh die Rechte hüllt.
Man sagt, kalt sey sie wie Eises Flimmer,
Doch lustig die Maid, sie hieß ja immer:
"Das tolle Fräulein von Rodenschild."

Der Geyerpfiff

"Nun still! - Du an den Dohnenschlag!
Du links an den gespaltnen Baum!
Und hier der faule Fetzer mag
Sich lagern an der Klippe Saum:
Da seht fein offen über's Land
Die Kutsche ihr heran spaziren:
Und Rieder dort, der Höllenbrand,
Mag in den Steinbruch sich postiren!"

"Dann aufgepaßt mit Aug' und Ohr,
Und bei dem ersten Räderhall
Den Eulenschrei! und tritt hervor
Die Fracht, dann wiederholt den Schall:
Doch naht Gefahr - Patrouillen gehn, -
Seht ihr die Landdragoner streifen,
Dann dreimal, wie von Riffeshöhn,
Laßt ihr den Lämmergeyer pfeifen:"

"Nun, Rieder, noch ein Wort zu dir:
Mit Recht heißt du der Höllenbrand;
Kein Stückchen - ich verbitt' es mir -
Wie neulich mit der kalten Hand!"
Der Hauptmann spricht es; durch den Kreis
Ein Rauschen geht und feines Schwirren,
Als sie die Büchsen schultern leis,
Und in den Gurt die Messer klirren.

Seltsamer Troß! hier Riesenbau
Und hiebgespaltnes Angesicht,
Und dort ein Bübchen wie'ne Frau,
Ein zierliches Spelunkenlicht;
Der drüben an dem Scheitelhaar
So sachte streift den blanken Fänger,
Schaut aus den blauen Augen gar
Wie ein verarmter Minnesänger.

'S ist lichter Tag! die Bande scheut
Vor keiner Stunde - Alles gleich; -
Es ist die rothe Bande, weit
Verschrien, gefürchtet in dem Reich;
Das Knäbchen kauert unter'm Stier
Und betet, raschelt es im Walde,
Und manches Weib verschließt die Thür,
Schreit nur ein Kukuk an der Halde.

Die Posten haben sich zerstreut,
Und in die Hütte schlüpft der Troß -
Wildhüters Obdach zu der Zeit,
Als jene Trümmer war ein Schloß:
Wie Ritter vor der Ahnengruft,
Fühlt sich der Räuber stolz gehoben
Am Schutte, dran ein gleicher Schuft
Vor Jahren einst den Brand geschoben.

Und als der letzte Schritt verhallt,
Der letzte Zweig zurück gerauscht,
Da wird es einsam in dem Wald,
Wo über'm Ast die Sonne lauscht;
Und als es drinnen noch geklirrt,

Und noch ein Weilchen sich geschoben,
Da still es in der Hütte wird,
Vom wilden Weingerank umwoben.

Der scheue Vogel setzt sich kühn
Auf's Dach und wiegt sein glänzend Haupt,
Und summend durch der Reben Grün
Die wilde Biene Honig raubt;
Nur leise wie der Hauch im Tann,
Wie Weste durch die Halme streifen,
Hört drinnen leise, leise man,
Vorsichtig an den Messern schleifen. -

Ja, lieblich ist des Berges Maid
In ihrer festen Glieder Pracht,
In ihrer blanken Fröhlichkeit
und ihrer Zöpfe Rabennacht;
Siehst du sie brechen durch's Genist
Der Brombeerranken, frisch, gedrungen,
Du denkst, die Centifolie ist
Vor Uebermuth vom Stiel gesprungen.

Nun steht sie still und schaut sich um -
All überall nur Baum an Baum;
Ja, irre zieht im Walde um
Des Berges Maid und glaubt es kaum;
Noch zwei Minuten, wo sie sann,
Pulsiren ließ die heißen Glieder, -
Behende wie ein Marder dann
Schlüpft keck sie in den Steinbruch nieder.

Am Eingang steht ein Felsenblock,
Wo das Geschiebe überhängt;
Der Epheu schüttelt sein Gelock,
Zur grünen Laube vorgedrängt:
Da unter'm Dache lagert sie,
Behaglich lehnend an dem Steine,
Und denkt: ich sitze wahrlich wie
Ein Heil'genbildchen in dem Schreine!

Ihr ist so warm, der Zöpfe Paar
Sie löset mit der runden Hand,
Und nieder rauscht ihr schwarzes Haar
Wie Rabenfittiges Gewand.
Ei! denkt sie, bin ich doch allein!
Auf springt das Spangenpaar am Mieder;
Doch unbeweglich gleich dem Stein
Steht hinter'm Block der wilde Rieder:

Er sieht sie nicht, nur ihren Fuß,
Der tändelnd schaukelt wie ein Schiff,
Zuweilen treibt des Windes Gruß
Auch eine Locke um das Riff,
Doch ihres heißen Odems Zug,
Samumes Hauch, glaubt er zu fühlen,
Verlorne Laute, wie im Flug
Lockvögel, um das Ohr ihm spielen.

So weich die Luft und badewarm,
Berauschend Thimianes Duft,

Sie lehnt sich, dehnt sich, ihren Arm,
Den vollen, streckt sie aus der Kluft,
Schließt dann ihr glänzend Augenpaar -
Nicht schlafen, ruhn nur eine Stunde -
So dämmert sie und die Gefahr
Wächst von Sekunde zu Sekunde.

Nun Alles still - sie hat gewacht -
Doch hinter'm Steine wird's belebt
Und seine Büchse sachte, sacht,
Der Rieder von der Schulter hebt,
Lehnt an die Klippe ihren Lauf,
Dann lockert er der Messer Klingen,
Hebt nun den Fuß - was hält ihn auf?
Ein Schrei scheint aus der Luft zu dringen!

Ha, das Signal! - er ballt die Faust -
Und wiederum des Geyers Pfiff
Ihm schrillend in die Ohren saust -
Noch zögert knirschend er am Riff -
Zum dritten Mal - und sein Gewehr
Hat er gefaßt - hinan die Klippe!
Daß bröckelnd Kies und Sand umher
Nachkollern von dem Steingerippe.

Und auch das Mädchen fährt empor:
"Ei, ist so locker das Gestein?"
Und langsam, gähnend tritt hervor
Sie aus dem falschen Heil'genschrein,
Hebt ihrer Augen feuchtes Glühn,
Will nach dem Sonnenstande schauen,
Da sieht sie einen Geyer ziehn
Mit einem Lamm in seinen Klauen.

Und schnell gefaßt, der Wildniß Kind,
Tritt sie entgegen seinem Flug:
Der kam daher, wo Menschen sind,
Das ist der Bergesmaid genug.
Doch still! war das nicht Stimmenton
Und Räderknarren? still! sie lauscht -
Und wirklich, durch die Nadeln schon
Die schwere Kutsche ächzt und rauscht.

"He, Mädchen!" ruft es aus dem Schlag,
Mit feinem Knix tritt sie heran:
"Zeig uns zum Dorf die Wege nach,
Wir fuhren irre in dem Tann!" -
"Herr," spricht sie lachend, "nehmt mich auf,
Auch ich bin irr' und führ' Euch doch."
"Nun wohl, du schmuckes Kind, steig auf,
Nur frisch hinauf, du zögerst noch?"

"Herr, was ich weiß, ist nur gering,
Doch führt es Euch zu Menschen hin,
Und das ist schon ein köstlich Ding
Im Wald, mit Räuberhorden drin:
Seht, einen Weih am Bergeskamm
Sah steigen ich aus jenen Gründen,
Der in den Fängen trug ein Lamm;
Dort muß sich eine Heerde finden." -

Am Abend steht des Forstes Held
Und flucht die Steine warm und kalt:
Der Wechsler freut sich, daß sein Geld
Er klug gesteuert durch den Wald:
Und nur die gute, franke Maid
Nicht ahnet in der Träume Walten,
Daß über sie so gnädig heut
der Himmel seinen Schild gehalten. -

Die Schwestern

I

Sacht pochet der Käfer im morschen Schrein,
Der Mond steht über den Fichten.
"Jesus Maria, wo mag sie seyn!
Hin will meine Angst mich richten.
Helene, Helene, was ließ ich dich gehn
Allein zur Stadt mit den Hunden,
Du armes Kind, das sterbend mir
Auf die Seele die Mutter gebunden!"

Und wieder rennt Gertrude den Weg
Hinauf bis über die Steige.
Hier ist ein Tobel - sie lauscht am Steg,
Ein Strauch - sie rüttelt am Zweige.
Da drunten summet es Elf im Thurm,
Gertrude kniet an der Halde:
"Du armes Blut, du verlassener Wurm!
Wo magst du irren im Walde!"

Und zitternd löst sie den Rosenkranz
Von ihres Gürtels Gehänge,
Ihr Auge starret in trübem Glanz,
Ob es die Dämmerung sprenge.
"Ave Maria - ein Licht, ein Licht!
Sie kömmt, 's ist ihre Laterne!
- Ach Gott, es ist nur ein Hirtenfeur,
Jetzt wirft es flatternde Sterne.

Vater unser, der du im Himmel bist
Geheiliget werde dein Name" -
Es rauscht am Hange, "heiliger Christ!"
Es bricht und knistert im Brahme,
Und drüber streckt sich ein schlanker Hals,
Zwei glänzende Augen starren.
"Ach Gott, es ist eine Hinde nur,
Jetzt setzt sie über die Farren."

Gertrude klimmt die Halde hinauf,
Sie steht an des Raines Mitte.
Da - täuscht ihr Ohr? - ein flüchtiger Lauf,
Behend galoppirende Tritte -
Und um sie springt es in wüstem Kreis,
Und funkelt mit freud'gem Gestöhne.
"Fidel, Fidel!" so flüstert sie leis,
Dann ruft sie schluchzend: "Helene!"

"Helene!" schallt es am Felsenhang,
"Helen'!" von des Waldes Kante,
Es war ein einsamer trauriger Klang,
Den heimwärts die Echo sandte.
Wo drunten im Tobel das Mühlrad wacht,
Die staubigen Knecht' an der Wanne
Die haben gehorcht die ganze Nacht
Auf das irre Gespenst im Tanne.

Sie hörten sein Rufen von Stund' zu Stund',
Sahn seiner Laterne Geflimmer,
Und schlugen ein Kreuz auf Brust und Mund,

Zog über den Tobel der Schimmer.
Und als die Müllerin Reisig las,
Frühmorgens an Waldes Saume,
Da fand sie die arme Gertrud im Gras,
Die ängstlich zuckte im Traume.

II

Wie rollt in den Gassen das Marktgebraus!
Welch ein Getümmel, Geblitze!
Hanswurst schaut über die Bude hinaus,
Und winkt mit der klingelnden Mütze;
Karossen rasseln, der Trinker jucht,
Und Mädchen schrein im Gedränge,
Drehorgeln pfeifen, der Kärrner flucht,
O Babels würdige Klänge!

Da tritt ein Weib aus der Ladenthür,
Eine schlichte Frau von den Flühen,
Die stieß an den klingelnden Harlekin schier,
Und hat nicht gelacht noch geschrien.
Ihr mattes Auge sucht auf dem Grund,
Als habe sie Etwas verloren,
Und hinter ihr trabt ein zottiger Hund,
Verdutzt, mit hängenden Ohren

"Zurück, Verwegne! siehst du denn nicht
Den Wagen, die schnaubenden Braunen?"
Schon dampfen die Nüstern ihr am Gesicht,
Da fährt sie zurück mit Staunen,
Und ist noch über die Rinne grad
Mit raschem Sprunge gewichen,
Als an die Schürze das klirrende Rad
In wirbelndem Schwunge gestrichen.

Noch ein Moment, - sie taumelt, erbleicht,
Und dann ein plötzlich Erglühen,
O schau, wie durch das Gewühl sie keucht,
Mit Armen und Händen und Knieen!
Sie rudert, sie windet sich, - Stoß auf Stoß,
Scheltworte und Flüche wie Schlossen -
Das Fürtuch reißt, dann flattert es los,
Und ist in die Rinne geflossen.

Nun steht sie vor einem stattlichen Haus,
Ohne Schuh, besudelt mit Kothe;
Dort hält die Karosse, dort schnauben aus
Die Braunen und rauchen wie Schlote.
Der Schlag ist offen, und eben sieht
Sie im Portale verschwinden
Eines Kleides Falte, die purpurn glüht,
Und den Schleyer, segelnd in Winden.

"Ach" flüstert Gertrude, "was hab ich gemacht,
Ich bin wohl verrückt geworden!
Kein Trost bei Tag, keine Ruh bei Nacht,
Das kann die Sinne schon morden."

Da poltert es schreiend die Stiegen hinab,
Ein Fußtritt aus dem Portale,
Und wimmernd rollt von der Rampe herab
Ihr Hund, der zottige, fahle.

"Ja" seufzt Gertrude, "nun ist es klar,
Ich bin eine Irre leider!"
Erglühend streicht sie zurück ihr Haar,
Und ordnet die staubigen Kleider.
"Wie sah ich so deutlich ihr liebes Gesicht,
So deutlich am Schlage doch ragen!
Allein in Ewigkeit hätte sie nicht
Den armen Fidel geschlagen."

III

Zehn Jahre! - und Mancher der keck umher
Die funkelnden Blicke geschossen,
Der schlägt sie heute zu Boden schwer,
Und Mancher hat sie geschlossen.
Am Hafendamme geht eine Frau,
- Mich dünkt, wir müssen sie kennen,
Ihr Haar einst schwarz, nun schillerndes Grau,
Und hohl die Wangen ihr brennen.

Im Topfe trägt sie den Honigwab,
Zergehend in Julius-Hitze;
Die Trägerin trocknet den Schweiß sich ab,
Und ruft dem hinkenden Spitze.
Der sie bestellte, den Schiffspatron,
Sieht über die Planke sie kommen;
Wird er ihr kümmern den kargen Lohn?
Gertrude denkt es beklommen.

Doch nein, - wo sich die Matrosen geschaart,
Zum Strande sieht sie ihn schreiten,
Er schüttelt das Haupt, er streicht den Bart,
Und scheint auf die Welle zu deuten.
Und schau den Spitz! er schnuppert am Grund -
"Was suchst du denn in den Gleisen?
Fidel, Fidel!" fort strauchelt der Hund,
Und heulet wie Wölfe im Eisen.

Barmherziger Himmel! ihr wird so bang,
Sie watet im brennenden Sande,
Und wieder erhebt sich so hohl und lang
Des Hundes Geheul vom Strande.
O Gott, eine triefende Leich' im Kies,
Eine Leich' mit dem Auge des Stieres!
Und drüber kreucht das zottige Vlies
Des lahmen wimmernden Thieres.

Gertrude steht, sie starret herab,
Mit Blicken irrer und irrer,
Dann beugt sie über die Leiche hinab,
Mit Lächeln wirrer und wirrer,
Sie wiegt das Haupt bald so bald so,
Sie flüstert mit zuckendem Munde,
Und eh die zweite Minute entfloh,
Da liegt sie knieend am Grunde.

Sie faßt der Todten geschwollene Hand,
Ihr Haar voll Muscheln und Tange,
Sie faßt ihr triefend zerlumptes Gewand,
Und säubert von Kiese die Wange;
Dann sachte schiebt sie das Tuch zurück,
Recht wo die Schultern sich runden,
So stier und bohrend verweilt ihr Blick,
Als habe sie Etwas gefunden.

Nun zuckt sie auf, erhebt sich jach,
Und stößt ein wimmernd Gestöhne,
Grad eben als der Matrose sprach:
"Das ist die blonde Helene!
Noch jüngst juchheite sie dort vorbei
Mit trunknen Soldaten am Strande."
Da that Gertrud einen hohlen Schrei,
Und sank zusammen im Sande.

IV

Jünst stand ich unter den Föhren am See,
Meinen Büchsenspanner zur Seite.
Vom Hange schmählte das brünstige Reh,
Und strich durch des Aufschlags Breite;
Ich hörte es knistern so nah und klar,
Grad' wo die Lichtung verdämmert,
Daß mich gestöret der Holzwurm gar,
Der unter'm Fuße mir hämmert.

Dann sprang es ab, es mochte die Luft
Ihm unsre Witterung tragen;
"Herr," sprach der Bursche:"links über die Kluft!
Wir müssen zur Linken uns schlagen!
Hier naht kein Wild, wo sie eingescharrt
Die tolle Gertrud vom Gestade,
Ich höre genau wie der Holzwurm pocht
In ihrer zerfallenden Lade."

Zur Seite sprang ich, eisig durchgraut,
Mir war als hab ich gesündigt,
Indeß der Bursch mit flüsterndem Laut
Die schaurige Mähre verkündigt:
"Wie Jene gesucht, bei Tag und Nacht,
Nach dem fremden ertrunkenen Weibe,
Das ihr der tückische See gebracht,
Verloren an Seele und Leibe.

Ob ihres Blutes? man wußte es nicht!
Kein Fragen löste das Schweigen.
Doch schlief die Welle, dann sah ihr Gesicht
Man über den Spiegel sich beugen,
Und zeigte er ihr das eigene Bild,
Dann flüsterte sie beklommen:
"Wie alt sie sieht, wie irre und wild,
Und wie entsetzlich verkommen!"

Doch wenn der Sturm die Woge gerührt,
Dann war sie vom Bösen geschlagen,
Was sie für bedenkliche Reden geführt,
Das möge er lieber nicht sagen.
So war sie gerannt vor Jahresfrist,
- Man sah's vom lavirenden Schiffe-
Zur Brandung, wo sie am hohlsten ist,
Und kopfüber gefahren vom Riffe.

Drum scharrte man sie in's Dickicht dort,
Wie eine verlorene Seele."
Ich schwieg, und sandte den Burschen fort,
Brach mir vom Grab' eine Schmehle:
"Du armes gehetztes Wild der Pein,
Wie mögen die Menschen dich richten!"
- Sacht pochte der Käfer im morschen Schrein,
Der Mond stand über den Fichten. -

Meister Gerhard von Cöln

Ein Notturno

Wenn in den linden Vollmondnächten
Die Nebel lagern über'm Rhein,
Und graue Silberfäden flechten
Ein Florgewand dem Heilgenschrein:
Es träumt die Waldung, duftumsäumt,
Es träumt die dunkle Fluthenschlange,
Wie eine Robbe liegt am Hange
Der Schürg' und träumt.

Tief zieht die Nacht den feuchten Odem,
Des Walles Gräser zucken matt,
Und ein zerhauchter Grabesbrodem
Liegt über der entschlafnen Stadt:
Sie hört das Schlummerlied der Well'n,
Das leise murmelnde Geschäume,
Und tiefer, tiefer sinkt in Träume
Das alte Cöln

Dort wo die graue Cathedrale,
Ein riesenhafter Zeitentraum,
Entsteigt dem düstern Trümmermale
Der Macht, die auch zerrann wie Schaum -
Dort, in der Scheibe Purpurrund
Hat taumelnd sich der Stral gegossen
Und sinkt, und sinkt, in Traum zerflossen,
Bis auf den Grund.

Wie ist es schauerlich im weiten
Versteinten öden Palmenwald,
Wo die Gedanken niedergleiten
Wie Anakonden schwer und kalt;
Und blutig sich der Schatten hebt
Am blut'gen Märtyrer der Scheibe,
Wie neben dem gebannten Leibe
Die Seele schwebt.

Der Ampel Schein verlosch, im Schiffe
Schläft halbgeschlossen Blum' und Kraut;
Wie nackt gespülte Uferriffe
Die Streben lehnen, tief ergraut;
Anschwellend zum Altare dort,
Dann aufwärts dehnend, lang gezogen,
Schlingen die Häupter sie zu Bogen,
Und schlummern fort.

Und immer schwerer will es rinnen
Von Quader, Säulenknauf und Schaft,
Und in dem Strale will's gewinnen
Ein dunstig Leben, geisterhaft:
Da horch! es dröhnt im Thurme - ha!
Die Glocke summt - da leise säuselt
Der Dunst, er zucket, wimmelt, kräuselt, -
Nun steht es da! -

Ein Nebelmäntlein umgeschlagen,
Ein graues Käppchen, grau Gewand,
Am grauen Halse grauer Kragen,
Das Richtmaaß in der Aschenhand.
Durch seine Glieder zitternd geht
Der Stral wie in verhaltner Trauer,
Doch an dem Estrich, an der Mauer
Kein Schatten steht.

Es wiegt das Haupt nach allen Seiten,
Unhörbar schwebt es durch den Raum,
Nun sieh es um die Säulen gleiten,
Nun fährt es an der Orgel Saum;
Und aller Orten legt es an
Sein Richtmaaß, webert auf und nieder,
Und leise zuckt das Spiel der Glieder,
Wie Rauch im Tann. -

War das der Nacht gewalt'ger Odem? -
Ein weit zerflossner Seufzerhall,
ein Zitterlaut, ein Grabesbrodem
Durchquillt die öden Räume all:
Und an der Pforte, himmelan
Das Männlein ringt die Hand, die fahle,
Dann gleitet's aufwärts am Portale -
Es steht am Krahn.

Und über die entschlafnen Wellen
Die Hand es mit dem Richtmaaß streckt;
Ihr Schlangenleib beginnt zu schwellen,
Sie brodeln auf, wie halb geweckt;
Als drüber nun die Stimme dröhnt,
Ein dumpf, verhallend, fern Getose,
Wie träumend sich im Wolkenschooße
Der Donner dehnt.

"Ich habe diesen Bau gestellt,
Ich bin der Geist vergangner Jahre!
Weh! dieses dumpfe Schlummerfeld
Ist schlimmer viel als Todtenbahre!
O wann, wann steigt die Stunde auf,
Wo ich soll lang Begrabnes schauen?
Mein starker Strom, ihr meine Gauen
Wann wacht ihr auf?" -

"Ich bin der Wächter an dem Thurm,
Mein Ruf sind Felsenhieroglyphen,
Mein Hornesstoß der Zeitensturm,
Allein sie schliefen, schliefen, schliefen!
Und schlafen fort, ich höre nicht
Den Meißel klingen am Gesteine,
Wo tausend Hände sind wie eine,
Ich hör' es nicht!" -

"Und kann nicht ruhn, ich sehe dann
Zuvor den alten Krahn sich regen,
Daß ich mein treues Richtmaaß kann
In eine treue Rechte legen!
Wenn durch das Land ein Handschlag schallt,
Wie einer alle Pulse klopfen,

Ein Strom die Millionen Tropfen - "
Da silbern wallt.

Im Osten auf des Morgens Fahne,
Und, ein zerflossner Nebelstreif,
Der Meister fährt empor am Krahne. -
Mit Räderknarren und Gepfeif,
Ein rauchend Ungeheuer, schäumt
Das Dampfboot durch den Rhein, den blauen -
O deutsche Männer! deutsche Frauen!
Hab' ich geträumt? -

Die Vergeltung

I

Der Kapitän steht an der Spiere,
Das Fernrohr in gebräunter Hand,
Dem schwarzgelockten Passagiere
Hat er den Rücken zugewandt.
Nach einem Wolkenstreif in Sinnen
Die Beiden wie zwei Pfeiler sehn,
Der Fremde spricht: "was braut da drinnen?"
"Der Teufel", brummt der Kapitän.

Da hebt von morschen Balkens Trümmer
Ein Kranker seine feuchte Stirn,
Des Aethers Blau, der See Geflimmer,
Ach, Alles quält sein fiebernd Hirn!
Er läßt die Blicke, schwer und düster,
Entlängs dem harten Pfühle gehn,
Die eingegrabnen Worte liest er:
"B a t a v i a. F ü n f h u n d e r t Z e h n."

Die Wolke steigt, zur Mittagsstunde
Das Schiff ächzt auf der Wellen Höhn,
Gezisch, Geheul aus wüstem Grunde,
Die Bohlen weichen mit Gestöhn.
"Jesus, Marie! wir sind verloren!"
Vom Mast geschleudert der Matros',
Ein dumpfer Krach in Aller Ohren,
Und langsam löst der Bau sich los.

Noch liegt der Kranke am Verdecke,
Um seinen Balken fest geklemmt,
Da kömmt die Fluth, und eine Strecke
Wird er in's wüste Meer geschwemmt.
Was nicht geläng' der Kräfte Sporne,
Das leistet ihm der starre Krampf,
Und wie ein Narwall mit dem Horne
Schießt fort er durch der Wellen Dampf.

Wie lange so? er weiß es nimmer,
Dann trifft ein Stral des Auges Ball,
Und langsam schwimmt er mit der Trümmer
Auf ödem glitzerndem Kristall.
Das Schiff! - die Mannschaft! - sie versanken.
Doch nein, dort auf der Wasserbahn,
Dort sieht den Passagier er schwanken
In einer Kiste morschem Kahn.

Armselge Lade! sie wird sinken,
Er strengt die heisre Stimme an:
"Nur grade! Freund; du drückst zur Linken!"
Und immer näher schwankt's heran,
Und immer näher treibt die Trümmer,
Wie ein verwehtes Mövennest;
"COURAGE!" ruft der kranke Schwimmer,
"Mich dünkt ich sehe Land im West!"

Nun rühren sich der Fähren Ende,
Er sieht des fremden Auges Blitz,
Da plötzlich fühlt er starke Hände,

Fühlt wüthend sich gezerrt vom Sitz.
"Barmherzigkeit! ich kann nicht kämpfen."
Er klammert dort, er klemmt sich hier;
Ein heisrer Schrei, den Wellen dämpfen,
Am Balken schwimmt der Passagier.

Dann hat er kräftig sich geschwungen,
Und schaukelt durch das öde Blau,
Er sieht das Land wie Dämmerungen
Enttauchen und zergehn in Grau.
Noch lange ist er so geschwommen,
Umflattert von der Möve Schrei,
Dann hat ein Schiff ihn aufgenommen,
Viktoria! nun ist er frei!

II

Drei kurze Monde sind verronnen,
Und die Fregatte liegt am Strand,
Wo Mittags sich die Robben sonnen,
Und Bursche klettern über'n Rand,
Den Mädchen ist's ein Abentheuer
Es zu erschaun vom fernen Riff,
Denn noch zerstört ist nicht geheuer
Das gräuliche Corsarenschiff.

Und vor der Stadt da ist ein Waten,
Ein Wühlen durch das Kiesgeschrill,
Da die verrufenen Piraten
Ein Jeder sterben sehen will.
Aus Strandgebälken, morsch, zertrümmert,
Hat man den Galgen, dicht am Meer,
In wüster Eile aufgezimmert.
Dort dräut er von der Düne her!

Welch ein Getümmel an den Schranken! -
"Da kömmt der Frei - der Hessel jetzt -
Da bringen sie den schwarzen Franken,
Der hat geläugnet bis zuletzt."
"Schiffbrüchig sey er hergerschwommen",
Höhnt eine Alte: "Ei, wie kühn!
Doch Keiner sprach zu seinem Frommen,
Die ganze Bande gegen ihn."

Der Passagier, am Galgen stehend,
Hohläugig, mit zerbrochenem Muth,
Zu jedem Räuber flüstert flehend:
"Was that dir mein unschuldig Blut!
Barmherzigkeit! - so muß ich sterben
Durch des Gesindels Lügenwort,
O mög' die Seele euch verderben!"
Da zieht ihn schon der Scherge fort.

Er sieht die Menge wogend spalten -
Er hört das Summen im Gewühl -
Nun weiß er, daß des Himmels Walten
Nur seiner Pfaffen Gaukelspiel!
Und als er in des Hohnes Stolze
Will starren nach den Aetherhöhn,
Da liest er an des Galgens Holze:
"B a t a v i a. F ü n f h u n d e r t Z e h n."

Der Mutter Wiederkehr

Du frägst mich immer von neuem, Marie,
Warum ich mein Heimathland
Die alten lieben Gebilde flieh
Dem Herzen doch eingebrannt?
Nichts soll das Weib dem Manne verhehlen,
Und nichts dem treuen Weibe der Mann,
Drum setz dich her, ich will erzählen,
Doch abwärts sitze - schau mich nicht an.

Bei meinen Eltern ich war, - ein Kind,
Ein Kind und dessen nicht froh,
Im Hause wehte ein drückender Wind,
Der ehliche Friede floh,
Nicht Zank noch Scheltwort durfte ich hören,
Doch wie ein Fels auf Allen es lag,
Sahn wir von Reisen den Vater kehren,
Das war uns Kindern ein trauriger Tag.

Ein Kaufmann, ernst, sein strenges Gemüth
Verbittert durch manchen Verlust,
Und meine Mutter die war so müd,
So keuchend ging ihre Brust!
Noch seh' ich wie sie, die Augen geröthet,
Ein Bild der still verhärmten Geduld,
An unserm Bettchen gnkniet und gebetet.
Gewiß, meine Mutter war frei von Schuld!

Doch trieb der Vater sich um - vielleicht
In London oder in Wien -
Dann lebten wir auf und athmeten leicht,
Und schossen wie Kressen so grün.
Durch lustige Schwänke machte uns lachen
Der gute Meßner, dürr und ergraut,
Der dann uns Alle sollte bewachen,
Denn meiner Mutter ward Nichts vertraut.

Da schickte der Himmel ein schweres Leid,
Sie schlich so lange umher,
Und härmte sich sachte in's Sterbekleid,
Wir machten das Scheiden ihr schwer!
Wir waren wie irre Vögel im Haine,
Zu früh entflattert dem treuen Nest,
Bald tobten wir toll über Blöcke und Steine,
Und duckten bald, in den Winkel gepreßt.

Dem alten Manne ward kalt und heiß,
Dem würdigen Sakristan,
Sah er besudelt mit Staub und Schweiß
Und glühend wie Oefen uns nahn;
Doch traten wir in die verödete Kammer,
Und sahn das Schemelchen am Clavier,
Dann strömte der unbändige Jammer,
Und nach der Mutter wimmerten wir.

Am sechsten Abend nachdem sie fort
- Wir kauerten am Kamin,
Der Alte lehnte am Simse dort
Und sah die Kohlen verglühen,

Wir sprachen nicht, uns war beklommen -
Da leis' im Vorsaal dröhnte die Thür,
Und schlürfende Schritte hörten wir kommen.
Mein Brüderchen rief:" die Mutter ist hier!"

Still, stille nur! - wir horchten all,
Zusammen gedrängt und bang,
Wir hörten deutlich der Tritte Hall
Die knarrende Diel' entlang,
Genau wir hörten rücken die Stühle,
Am Schranke klirren den Schlüsselbund,
Und dann das schwere Krachen der Diele,
Als es vom Stuhle trat an den Grund.

Mein junges Blut in den Adern stand,
Ich sah den Alten wie Stein
Sich klammern an des Gesimses Rand,
Da langsam trat es herein.
O Gott, ich sah meine Mutter, Marie!
Marie, ich sah meine Mutter gehn,
Im schlichten Kleide, wie Morgens frühe
Sie kam nach ihren zwei Knaben zu sehn!

Fest war ihr Blick zum Grunde gewandt,
So schwankte sie durch den Saal,
Den Schlüsselbund in der bleichen Hand,
Die Augen trüb wie Opal;
Sie hob den Arm, wir hörtens pfeifen,
Ganz wie ein Schlüssel im Schlosse sich dreht,
Und in's Closet dann sahn wir sie streifen,
Drin unser Geld und Silbergeräth.

Du denkst wohl, daß keines Odems Hauch
die schaurige Oede brach,
Und still war's in dem Closete auch,
Noch lange lauschten wir nach.
Da sah ich zusammen den Alten fallen,
Und seine Schläfe schlug an den Stein,
Da ließen wir unser Geschrei erschallen,
Da stürzten unsere Diener herein.

Du sagst mir nichts, doch zweifl' ich nicht,
Du schüttelst dein Haupt, Marie,
Ein Greis - zwei Kinder - im Dämmerlicht -
Da waltet Phantasie!
Was wollte ich nicht um dein Lächeln geben,
Und deine Zweifel, du gute Frau,
doch wieder sag' ichs: bei meinem Leben!
Marie, wir sahen und hörten genau!

Am Morgen kehrte der Vater heim,
Verstimmt und müde gehetzt,
Und war er nimmer ein Honigseim,
So war er ein Wermuth jetzt.
Auch waren es wohl bedenkliche Worte,
Die er gesprochen zum alten Mann,
Denn laut sie haderten an der Pforte,
Und schieden in tiefer Empörung dann.

Nun ward durchstöbert das ganze Haus,
Ein Jeder gefragt, gequält,
Die Beutel gewogen, geschüttet aus,
Die Silberbestecke gezählt,
Ob Alles richtig, versperrt die Zimmer,
Nichts konnte dem Manne genügen doch;
Bis Abends zählte und wog er immer,
Und meinte, der Schade finde sich noch.

Als nun die Dämmerung brach herein,
Ohne Mutter und Sakristan,
Wir kauerten auf dem staubigen Stein,
Und gähnten die Flamme an.
Verstimmt der Vater, am langen Tische,
Wühlt' in Papieren, schob und rückt'
Wir duckten an unserm Kamin, wie Fische,
Wenn drauf das Auge des Reihers drückt.

Da horch! - die Thüre dröhnte am Gang,
Ein schlürfender Schritt darauf
Sich schleppte die knarrende Diel' entlang.
Der Vater horchte - stand auf -
Und wieder hörten wir rücken die Stühle,
Am Schranke klirren den Schlüsselbund,
Und wieder das schwere Krachen der Diele,
Als es vom Stuhle trat an den Grund.

Er stand, den Leib vorüber gebeugt,
Wie Jäger auf Wildes Spur,
Nicht Furcht noch Rührung sein Auge zeigt',
Man sah, er lauerte nur.
Und wieder sah ich die mich geboren,
Verbannt, verstoßen vom heiligen Grund,
O, nimmer hab' ich das Bild verloren,
Es folgt mir noch in der Todesstund!

Und Er? - hat keine Wimper geregt,
Und keine Muskel gezuckt,
Der Stuhl, auf den seine Hand gelegt,
Nur einmal leise geruckt.
Ihr folgend mit den stechenden Blicken
Wandt' er sich langsam wie sie schritt,
Doch als er sie an's Closet sah drücken,
Da zuckte er auf, als wolle er mit.

Und "Arnold!" rief's aus dem Geldverließ,
- Er beugte vonüber, weit -
Und wieder "Arnold!" so klagend süß,
- Er legte die Feder bei Seit' -
Zum dritten Mal, wie die blutige Trauer,
"Arnold!" - den Meerschaumkopf im Nu
Erfaßt er, schleudert' ihn gegen die Mauer,
Schritt in's Closet und riegelte zu.

Wir aber stürzten in wilder Hast
Hinaus an das Abendroth,
Wir hatten uns bei den Händen gefaßt,
Und weinten uns schier zu todt.
Die ganze Nacht hat die Lampe geglommen,
Geknattert im Saal des Kamines Rost,
Und als der dritte Abend gekommen,
Da setzte der Vater sich auf die Post.

Ich habe ihm nicht Lebewohl gesagt,
Und nicht seine Hand geküßt,
Doch heißt es, daß er in dieser Nacht
Am Bettchen gestanden ist.
Und bei des nächsten Morgens Erglühen,
Das Erste was meine Augen sahn,
Das war an unserem Lager knieen
Den tief erschütterten Sakristan.

Dem ward in der Früh' ein Brief gebracht,
Und dann ein Schlüsselchen noch;
"Ich will nicht lesen," hat er gedacht
Und zögerte, las dann doch
Den Brief, in letzter Stunde geschrieben
Von meines unglücklichen Vaters Hand,
Der fest im Herzen mir ist geblieben,
Obwohl mein Bruder ihn einst verbrannt.

"Was mich betroffen, das sag' ich nicht,
Eh dorre die Zunge aus!
Doch ist es ein bitter, ein schwer Gericht,
Und treibt mich von Hof und Haus.
In dem Closete da sind gelegen
Papiere, Wechsel, Briefe dabei.
Dir will ich auf deine Seele legen
Meine zwei Buben, denn du bist treu.

Sorg' nicht um mich, was ich bedarf
Deß hab ich genügend noch,
Und forsch auch nimmer, - ich warne scharf -
Nach mir, es tröge dich doch.
Sey ruhig, Mann, ich will nicht tödten,
Den Leib, der Vieles noch muß bestehn,
Doch laß meine armen Kinderchen beten,
Denn sehr bedarf ich der Unschuld Flehn."

Und im Closete gefunden ward
Ein richtiges Testament,
Und alle Papiere nach Kaufmannsart
Geordnet und wohl benennt.
Und wir? - in der Fremde ließ man uns pflegen,
Da waren wir eben wie Buben sind,
Doch mit den Jahren da muß sich's regen,
Bin ich doch jetzt sein einziges Kind!

Du weißt es, wie ich auch noch so früh,
So hart den Bruder verlor,
Und hätte ich dich nicht, meine Marie,
Dann wär ich ein armer Thor! -
Ach Gott, was hab' ich nicht All geschrieben,
Aufrufe, Briefe, in meiner Noth!
Umsonst doch Alles, umsonst geblieben.
Ob er mag leben? - vermuthlich todt!"

Die brachte wieder auf sein Geschick
Die gute Marie den Mann,
Der seines Lebens einziges Glück
In ihrer Liebe gewann.
So mild und schonend bot sie die Hände,
Bracht' ihm so manches blühende Kind,
Daß von der ehrlichen Stirn am Ende
Die düstern Falten gewichen sind.

Wohl führt' nach Jahren einmal sein Weg
Ihn dicht zur Heimath hinan,
Da ließ er halten am Mühlensteg,
Und schaute die Thürme sich an.
Die Händ' gefaltet, schien er zu beten,
Ein Wink - die Kutsche rasselte fort;
Doch nimmer hat er den Ort betreten,
Und keinen Trunk Wasser nahm er dort.

Der Schloßelf

In monderhellten Weihers Glanz
Liegt brütend wie ein Wasserdrach'
Das Schloß mit seinem Zackenkranz,
Mit Zinnenmoos und Schuppendach.
Die alten Eichen stehn von fern,
Respektvoll flüsternd mit den Wellen,
Wie eine graue Garde gern
Sich mag um graue Herrscher stellen.

Am Thore schwenkt, ein Steinkoloß,
Der Pannerherr die Kreuzesfahn,
Und courbettirend schnaubt sein Roß
Jahrhunderte schon himmelan;
Und neben ihm, ein Tantalus,
Lechzt seit Jahrhunderten sein Docke
Gesenkten Halses nach dem Fluß,
Im dürren Schlunde Mooses Flocke.

Ob längst die Mitternacht verklang,
Im Schlosse bleibt es immer wach;
Streiflichter gleiten rasch entlang
Den Corridor und das Gemach,
Zuweilen durch des Hofes Raum
Ein hüpfendes Laternchen ziehet;
Dann horcht der Wandrer, der am Saum
Des Weihers in den Binsen knieet.

"Ave, Maria! stärke sie!
Und hilf ihr über diese Nacht!"
Ein frommer Bauer ist's, der früh
Sich auf die Wallfahrt hat gemacht.
Wohl weiß er, was der Lichterglanz
Mag seiner gnäd'gen Frau bedeuten;
Und eifrig läßt den Rosenkranz
Er durch die schwiel'gen Finger gleiten.

Doch durch sein christliches Gebet
Manch Heidennebel schwankt und raucht;
Ob wirklich, wie die Sage geht,
Der Elf sich in den Weiher taucht,
So oft dem gräflichen Geschlecht
Der erste Sprosse wird geboren?
Der Bauer glaubt es nimmer recht,
Noch minder hätt' er es verschworen.

Scheu blickt er auf - die Nacht ist klar,
Und gänzlich nicht gespensterhaft,
Gleich drüben an dem Pappelpaar
Zählt man die Zweige längs dem Schaft;
Doch stille! In dem Eichenrund -
Sind das nicht Tritte? - Kindestritte?
Er hört wie an dem harten Grund
Sich wiegen, kurz und stramm, die Schritte.

Still! still! es raschelt über'n Rain,
Wie eine Hinde, die im Thau,
Beherzt gemacht vom Mondenschein,
Vorsichtig äßet längs der Au.
Der Bauer stutzt - die Nacht ist licht,

Die Blätter glänzen an dem Hagen,
Und dennoch - dennoch sieht er nicht,
Wen auf ihn zu die Schritte tragen.

Da, langsam knarrend, thut sich auf
Das schwere Heck zur rechten Hand,
Und, wieder langsam knarrend, drauf
Versinkt es in die grüne Wand.
Der Bauer ist ein frommer Christ;
Er schlägt behend des Kreuzes Zeichen;
"Und wenn du auch der Teufel bist,
Du mußt mir auf der Wallfahrt weichen!"

Da hui! streift's ihn, federweich,
Da hui! raschelt's in dem Grün,
Da hui! zischt es in den Teich,
Daß bläulich Schilf und Binsen glühn,
Und wie ein knisterndes Geschoß
Fährt an den Grund ein bläulich Feuer;
Im Augenblicke wo vom Schloß
Ein Schrei verzittert über'm Weiher.

Der Alte hat sich vorgebeugt,
Ihm ist als schimmre, wie durch Glas,
Ein Kindesleib, phosphorisch, feucht,
Und dämmernd wie verlöschend Gas;
Ein Arm zerrinnt, ein Aug' verglimmt -
Lag denn ein Glühwurm in den Binsen?
Ein langes Fadenhaar verschwimmt,
- Am Ende scheinen's Wasserlinsen!

Der Bauer starrt, hinab, hinauf,
Bald in den Teich, bald in die Nacht;
Da klirrt ein Fenster drüben auf,
Und eine Stimme ruft mit Macht:
"Nur schnell gesattelt! schnell zur Stadt!
Gebt dem Polacken Gert' und Sporen!
Viktoria! so eben hat
Die Gräfin einen Sohn geboren!"

Der SPIRITUS FAMILIARIS des Roßtäuschers

Deutsche Sagen; herausgegeben von
den Gebrüdern Grimm. Berlin 1816. Nr. 84.

SPIRITUS FAMILIARIS

Er wird gemeiniglich in einem wohlverschlossenen Gläslein aufbewahrt, sieht aus nicht recht wie eine Spinne, nicht recht wie ein Skorpion, bewegt sich aber ohne Unterlaß. Wer diesen kauft, bei dem bleibt er, er mag das Fläschlein hinlegen wohin er will, immer kehrt er von selbst zu ihm zurück. Er bringt großes Glück, läßt verborgene Schätze sehen, macht bei Freunden geliebt, bei Feinden gefürchtet, im Kriege fest wie Stahl und Eisen, also daß sein Besitzer immer den Sieg hat, auch behütet er vor Haft und Gefängniß. Man braucht ihn nicht zu pflegen, zu baden und kleiden, wie ein Galgenmännlein. Wer ihn aber behält bis er stirbt, der muß mit ihm in die Hölle, darum sucht ihn der Besitzer wieder los zu werden. - -
Ein Soldat, der ihn für eine Krone gekauft und den gefährlichen Geist kennen lernte, warf ihn seinem vorigen Besitzer vor die Füße und eilte fort: als er zu Hause ankam, fand er ihn wieder in seiner Tasche. Nicht besser ging es ihm, als er ihn in die Donau warf.
Ein Augsburgischer Roßtäuscher und Fuhrmann zog in eine berühmte deutsche Stadt ein. Der Weg hatte seine Thiere sehr mitgenommen, im Thor fiel ihm ein Pferd, im Gasthaus das zweite und binnen wenigen Tagen die übrigen sechs. Er wußte sich nicht zu helfen, ging in der Stadt umher, und klagte den Leuten mit Thränen seine Noth. Nun begab sich's, daß ein anderer Fuhrmann ihm begegnete, dem er sein Unglück erzählte. Dieser sprach: "seyd ohne Sorgen, ich will euch ein Mittel vorschlagen, dessen ihr mir danken sollt." Der Roßtäuscher meinte, dieß wären leere Worte. "Nein, nein, Gesell, euch soll geholfen werden. Geht in jenes Haus und fragt nach der "Gesellschaft", der erzählt euren Unfall, und bittet um Hülfe". Der Roßtäuscher folgte dem Rathe, ging in das Haus und fragte einen Knaben, der da war, nach der Gesellschaft. Er mußte auf Antwort warten, endlich kam der Knabe wieder und öffnete ihm ein Zimmer, in welchem etliche alte Männer an einer runden Tafel saßen. Sie redeten ihn mit Namen an, und sagten: "Dir sind acht Pferde gefallen, darüber bist du niedergeschlagen, und nun kömmst du, auf Anrathen eines deiner Gesellen, zu uns, um Hülfe zu suchen: du sollst erlangen, was du begehrst." Er mußte sich an einen Nebentisch setzen und nach wenigen Minuten überreichten sie ihm ein Schächtelein mit den Worten: "Dieß trage bei dir, und du wirst von Stund an reich werden, aber hüte dich, daß du die Schachtel, wo du nicht wieder arm werden willst, niemals öffnest." Der Roßtäuscher fragte, was er für dieses Schächtelein zu zahlen habe, aber die Männer wollten nichts dafür; nur mußte er seinen Namen in ein großes Buch schreiben, wobei

ihm die Hand geführt ward. Der Roßtäuscher ging heim, kaum aber war er aus dem Haus getreten, so fand er einen ledernen Beutel mit dreihundert Dukaten, womit er sich neue Pferde kaufte. Ehe er die Stadt verließ, fand er in dem Stalle, wo die neuen Pferde standen, noch einen großen Topf mit alten Thalern. Kam er sonst wohin und setzte das Schächtelein auf die Erde, so zeigte sich da, wo Geld verloren oder vorzeiten vergraben war, ein hervordringendes Licht, also daß er es leicht heben konnte. Auf diese Weise erhielt er ohne Diebstahl und Mord große Schätze zusammen. Als die Frau des Roßtäuschers von ihm vernahm, wie es zuging, erschrak sie, und sprach: "Du hast etwas Böses empfangen, Gott will nicht, daß der Mensch durch solche verbotene Dinge reich werde, sondern hat gesagt, im Schweiße deines Angesichts sollst du dein Brod essen. Ich bitte dich um deiner Seligkeit willen, daß du wieder nach der Stadt zurück reisest und der "Gesellschaft" deine Schachtel zustellst." Der Mann von diesen Worten bewogen, entschloß sich und schickte einen Knecht mit dem Schächtelein hin, um es zurück zu liefern, aber der Knecht brachte es wieder mit der Nachricht zurück, daß die Gesellschaft nicht mehr zu finden sey, und niemand wisse, wo sie sich aufhalte. Hierauf gab die Frau genau Acht, wo ihr Mann das Schächtelein hinsetzte, und bemerkte, daß er es in einem besonders von ihm gemachten Täschchen in dem Bund seiner Beinkleider verwahre. In der Nacht stand sie auf, zog es hervor und öffnete es: da flog eine schwarze sumsende Fliege heraus und nahm ihren Weg durch das Fenster hin. Sie machte den Deckel wieder darauf und legte es an seinen Ort, unbesorgt wie es ablaufen würde. Allein von Stund an verwandelte sich all das vorige Glück in das empfindlichste Unglück. Die Pferde fielen oder wurden gestohlen. Das Korn verdarb auf dem Boden, das Haus brannte zu dreienmalen ab, und der gesammmelte Reichthum verschwand zusehends. Der Mann gerieth in Schulden und ward ganz arm, so daß er in Verzweiflung erst seine Frau mit einem Messer tödtete, dann sich selbst eine Kugel durch den Kopf schoß.

Trutz Simplex Leben der Landstörzerin COURAGE
.   Cap. 18 und 23
Der Leipziger Avanturier. Frkft. u. Lpzg. 1756. Th 2. S. 38-42

Den hier angegebenen Kennzeichen des SPIRITUS FAMILIARIS fügt der Volksglaube an manchen Orten noch andere hinzu. Seine ununterbrochenen Bewegungen sollen von einem feinen kisternden Geräusch begleitet seyn, was den Träger Andern unheimlich und dem Wissenden kenntlich mache. Ueber Tag sey er schwarz, gebe aber im Dunkeln ein starkes phosphorisches Licht von sich, und so oft der Besitzer eine Kirche betrete, bete, oder sich nur einem frommmen Gedanken überlasse, bekomme einer seiner feinen zahllosen Füße oder Fühlhörner die Macht, das Glas zu durchdringen und demselben einen Stich zu geben, der jedesmal die Lebenskraft bedeutend schwäche. Auch sollen seine Gaben dies mit andern höllischen gemein haben, daß sie zwar nicht wie diese zu Kohlen, aber schon in der zweiten Hand verderblich werden, das Vieh falle, das Getreide verderbe, oder, bis zur Aussaat gebracht, nicht keime, so daß dem Käufer von dem scheinbar vorteilhaftesten Handel nur der schlimmmste Schaden bleibe. - Als Orte, wo die Fläschlein zu erhalten sind, wird bald ein Kreuzweg, bald der Rabenstein, bald ein leerstehendes, durch darin begangene Verbrechen dem Bösen anheim gefallenes Haus bezeichnet.

I

So hat er sich umsonst gequält, umsonst verkauft
                          die werthe Stätte,
Wo seiner Kindheit Linde steht und seiner Eltern
                          Sterbebette,
Umsonst hat er so manchen Tag den
                          frostbeklemmten Hauch gesogen,
In seiner starren Hand den Zaum, umknistert von
                          des Schnees Wogen,
Beim Morgenroth, beim Abendroth,
Nur um ein Stückchen ehrlich Brod!

Der Täuscher kniet am Pflastergrund, er streicht
                          des Rosses heiße Flanken,
Von des Gebälkes Sparren läßt die Leuchte irre
                          Schatten wanken;
Bei Gott, es lebt! - im Aug' ein Blitz! - es
                          schaudert, zittert, hüben, drüben,
Dann streckt es sich, die Nüstern stehn, vom wilden
                          Schreie aufgetrieben,
Und aus den Gliedern wirbelt Dampf,
Der Lebenswärme letzter Kampf.

Der Täuscher kniet und streichelt fort, nicht trauen
                          will er seinem Auge,
Und schwellend in die Wimper steigt der
                          Mannesthräne bittre Lauge,
Sacht langt die Decke er herbei und schlägt sie um
                          des Thieres Weichen,
Dann läßt er der Laterne Schein ob den gespannten
                          Sehnen streichen;
Es ist vorbei, kein Odemhauch,
Und schon verschwimmt der Flanken Rauch.

Vom Boden hebt er sich, er steht, der
                          schwergebeugte Mann der Sorgen,
Und langsam hat er seine Stirn, hat sie in hohler
                          Hand geborgen;
Was heute war? was morgen wird? wie könnt' er
                          dessen sich entsinnen!
Und der Verzweiflung Schlange fühlt er kalt zum
                          Herzen niederrinnen;
Was war? was ist? - er fährt empor,
Ein Klirren, dicht an seinem Ohr!

Und an dem nächsten Ständer lehnt, des todten
                          Rappen Zaum und Zügel
Gelassen wägend in der Hand, ein Mann mit
                          Hafermaaß und Striegel,
So stämmig wie durch Frost und Staub der Kärrner
                          treibt die derben Glieder,
In seinen breiten Nacken hängt der breite
Schlapphut tröpfelnd nieder,
Und ruhig auf den Täuscher itzt
Sein graubewimpert Auge blitzt.

"Herr!" hebt er an: "ihr dauert mich, ein feines
                          Thier ist euch gefallen,
Doch weiß ich eins, ihm gleich wie sich am
                          Paternoster zwei Korallen;
Ich nenne euch den Ort, das Haus, ihr habt es um
                          zweihundert Gulden,
Dann wüßt' ich einen Herrn, der drum sein halbes
                          Erbe würde schulden."
Der Täuscher horcht, und stammelt dann:
"Ich bin ein ganz verarmter Mann!"

"Wie, eure prächt'ge Kuppel hin? wie, die ich in
                          den Ostertagen
So frisch das Pflaster stampfen sah? fürwahr, da
                          seyd Ihr zu beklagen!
O, euer Brauner mit dem Stern, der zierlich vor den
                          Damen kniete!
O, euer Weißgeborner, dem's wie Funken aus den
                          Nüstern sprühte!"
Der Täuscher hat sich abgewandt,
Er zupft am Zaume, ballt die Hand;

Und sinnend steht der Schlapphut, mißt mit steifem
                          Blick der Kiste Bohlen,
"Herr!" flüstert er: "schließt eure Faust um
                          blankgerändete Pistolen!
Die Stunden zehrt, es schwillt der Mond, bald ist
                          des Jahres Schluß gekommen,
Habt ihr auf euren Zügen denn von der Gesellschaft
                          nichts vernommen?"
Der Täuscher blickt verwirrt umher,
Und: "die Gesellschaft?" murmelt er.

"Wie, die so manchen braven Mann aus seinen
                          Nöthen hat gezogen
Und keinen Heller Zinsen nimmt, zwei Worte nur
                          auf weißem Bogen,
Die euch, und lebt ihr hundert Jahr, mit keiner
                          Mahnung wird beschämen,
Die kennt ihr nicht? die kennt ihr nicht? fürwahr,
das muß mich Wundernehmen!"
Der Täuscher horcht, er spricht kein Wort,
Und flüsternd fährt der Andre fort:

"Hört an, wenn in Silvesternacht das Mondlicht
                          steigt in volle Bahnen,
Kein Dach, kein Baum es schatten mag, wenn
                          silbern stehn der Thürme Fahnen,
Zum Schleusenthor geht dann hinaus, den Strom
                          zur Rechten, links die Föhren,
Wer euch begegnet - achtet's nicht; wer euch
                          begrüßt - laßt euch nicht stören,
Und hinterm Friedhof liegt ein Haus,
Ein wenig öde sieht es aus.

Verstorbnen Wuchrers Erb' um das sich sieben
                          Lumpe hitzig streiten,
Und drinnen flimmt ein schwaches Licht, ihr seht
                          es freilich nicht von weiten,

Alljährlich nur in dieser Nacht, sonst stehen Thür
                  und Thor verrammelt,
In einem Hinterbaue brennts, wo die Gesellschaft
                  sich versammelt;
Ihr trefft sie bis der Hahne gekräht, -"
Der Täuscher wendet sich und geht.

Wie trunken schwankt er durch den Hof, schwankt
                  in die buntgefüllte Halle;
Der Kannen Klappern, das Geschrei - ihm ist als ob
                  die Decke falle;
Und seufzend löst vom Gürtel er die Lederkatze,
                  und beklommen
Läßt er den ärmlichen Gehalt so Stück vor Stück zu
                  Tage kommen;
Dann springt er auf, sein Sporenklang
Klirrt trotzig das Gehöft entlang.

Doch was er rufen, pfeifen mag, leer ist der Stall,
                  nur aus den Raufen
Hängt wirres Heu wie sträubend Haar, und drunter
                  dampfen Strohes Haufen,
Nur der Laterne feuchter Docht wirft Flämmchen
                  auf mit leichtem Knallen,
Und läßt ein seltsam zuckend Licht um den
                  gestreckten Rappen fallen,
Und in der Fensterscheibe steht
Des Mondes bleiche Majestät.

II

Das nenn' ich eine Winternacht! das eine
                  Jahresleiche! Gnade
Der Himmel Jedem den die Noth treibt über diese
                  blanken Pfade!
Sie glitzern auf, der Schlange gleich im weißen
                  Pyramidensande,
Und drüber hängt, ein Todtenlicht, der Mond an
                  unsichtbarem Bande,
Mit Fünkchen ist die Luft gefüllt,
Die Sterbeseufzer zieht und quillt.

Nie hat, seit Menschendenken, sich Sylvesternacht
                  so scharf ergossen,
Der Tag hat Flocken ausgestreut, der Abend sie mit
                  Glas umschlossen;
In den Gehöften Taub' und Huhn auf ihrer Stange
                  ächzend ducken,
Der Hund in seinem Schober heult und fühlt den
                  Wurm im Hirne zucken;
Zwei Spannen hat in dieser Nacht
Das Eis dem Strome zugebracht.

Verklommen steht am Thor die Wach' und haucht
                  in die erstarrten Hände,
"Wer da!" "ein Freund!" und hastig stampft es
                  längs der Brücke Steingeländer;
Betroffen sieht ihn der Rekrut wie einen Mast am
                  Strome schwanken:

"Der ist betrunken oder irr!" er steht ein Weilchen
                  in Gedanken,
Bekreuzt sich, zieht die Uhr heraus,
Und lehnt sich an sein Schilderhaus.

In's offne Land der Täuscher tritt, er athmet auf und
                  schaut nach oben;
Kein Wölkchen hängt am Riesenbau der dunklen
                  Saphirkuppel droben,
Er wendet sich, und sieht die Stadt wie eine
                  Nebelmasse liegen,
Und drüber, auf Sankt Thomas Thurm, das
                  Wetterkreuz sich schimmernd wiegen,
Den Mantel zieht er an's Gesicht
Und schreitet fort im Mondenlicht.

Was liegt dort über'm Weg? - ein Mensch, ein
                  Mann in dünnem Zwillichrocke, -
Der Täuscher zuckt, doch zaudert nicht; wohl sieht
                  des Greisen dünne Locke,
Die Glatze, leuchtend aus dem Schnee, er sieht sie
                  im Vorüberschreiten,
Und wie mit tausend Stricken zieht es nieder,
                  nieder ihn, zur Seiten;
An's Herz hat er die Faust geballt,
Und weiter, weiter sonder Halt!

Die Scholle unterm Fuße kracht, und scheint ihn
                  wimmernd anzuklagen,
Die Luft mit ihrem leisern Hauch ihm
Sterberöcheln
                  zuzutragen,
In dem verglas'ten Föhrenwald ein irres Leben surrt
                  und klingelt,
Und seiner eignen Kehle Hauch mit Funkenstaube
                  ihn umzingelt,
Voran, voran, der Würfel liegt,
Verloren oder keck gesiegt!

Da wie ein Glöcklein tönt's von fern, und dann ein
                  Lichtchen kömmt geschwommen
Den blanken Schlangenpfad entlang, ist an des
                  Hügels Bug geklommen,
Das Glöckchen schwirrt, das Flämmchen schwankt,
                  Gestalten dunkel sich bewegen,
Ein Priester mit dem Sakrament zieht dem
                  verstörten Mann entgegen,
Und wie's an ihm vorüber schwebt
Der Mönch die Hostie segnend hebt.
Der Täuscher schaudert, und ihn reißt's wie
                  Bleigewichte an den Knieen,
Doch weiter, weiter! - und vorbei läßt er den
                  Gnadenengel ziehen;
Noch einmal schaudert er - ein Knall - des Stromes
                  Flächen spaltend zittern,
Ein Windstoß durch der Föhren Haar, und die
                  kristallnen Stäbchen klittern -
Da tritt zum Friedhof er hinaus
Und vor ihm liegt das öde Haus.

Er starrt es an - ein düst'rer Bau! Zackengiebel,
Eisenstangen,
Vom offnen Thore Nägelreihn wie rostige Gebisse
hangen;
Der Täuscher zaudert, dann umschleicht behutsam
wie ein Fuchs im Winde
Die Mauern er; - ist's nicht als ob ein Licht im
Innern sich entzünde?
Er schüttelt sich, er tritt hinein
Und steht im finstern Gang allein;

Tappt am Gemäuer, wendet sich; dort flimmt es
durch der Thüre Spalten,
Sacht beugt er zu der Ritze, lauscht, den schweren
Odem angehalten;
Kein Ton, kein Räuspern, nur ein Laut wie
scharfgeführter Feder Schrillen,
Und ein Geriesel wie wenn Sand auf Estrich stäubt
durch schmale Rillen;
Sacht greift er an die Klinge, sacht
Hat er gepocht und aufgemacht.

III

Wie friedlich in der Erde Schooß die still geringen
Leutchen schlafen!
Endlich ein Pfühl nach hartem Stroh, nach saurer
Fahrt endlich ein Hafen!
Dem Flockenwulste, sichtbar kaum, entheben sich
die niedern Hügel,
Doch Gottes Engel kennt sie wohl, und schirmend
breitet er die Flügel
Den Kreuzlein zu, die Pflock an Pflock
Sich reihen um den Marmorblock.

Am Sockel kreucht der Drachenwurm, und scheint
zum Grund hinabzukrallen,
Zum todten Wucherer unter'm Stein, von eigner
Frevelhand gefallen,
Wohl hat ihm Gold ein ehrlich Grab geworben an
der Friedhofsmauer,
Doch drüber zuckt sein Flammenschwert Sankt
Michael in Zorn und Trauer,
So silbergrau, ein Nachtgesicht,
Steht das versteinerte Gericht.

Vom öden Hause, seinem einst, wo blutge Thränen
sind geflossen,
hat sich ein seltsam dämmernd Licht bis an den
Marmelstein ergossen,
Es ist als ob das Monument bei der Berührung
zitternd schwanke,
Im Schnee wühlend eine Hand dem Schuldner sich
entgegen ranke;
Er kömmt, er naht, die Pforte dröhnt,
Er hat sich an den Stein gelehnt;

Bleich wie der Marmor über ihm, und finster wie
das Kreuz zur Seiten,
Von Stirn und Wimper, Zähren gleich,
geschmolznen Reifes Tropfen gleiten;
Was er in dieser schweren Nacht gelitten oder auch
gesündet,
Er hat es Keinem je geklagt und Keinem reuig es
verkündet;
In's Dunkel starrt er, wie man wohl
So starrt gedankenlos und hohl.

Ihm ist, als fühl' er noch die Hand die seinen
Federzug geleitet,
Als fühle er den Nadelstich, der seines Blutes Quell
bereitet,
Und leise zitternd tastete er zum Gurte, - hörst du
nicht ein Knirren,
Viel schrillender als Uhrgetick, viel zarter als der
Spange Klirren? -
O, seine Heimath, still umlaubt!
O, seines Vaters graues Haupt!

Bewußtlos an des Engels Knie drückt er die Stirn,
klemmt er die Hände,
Der todten Gäule Klingeln hört er schleichen durch
die Fichtenwände;
Genüber ihm am Horizonte schleifen schwarze
Wolkenspalten,
Wie lässig eine träge Hand zum Sarge schleift des
Bahrtuchs Falten;
Er streicht das Auge, reckt sich auf,
Und schaut zum Aetherdom hinauf.

Noch hängt die Mondesampel klar am
goldgestickten Kuppelringe,
Noch leuchtete von Sankt Thomas Thurm das
Kreuz wie eine Doppelklinge,
Noch ist die Stunde nicht, wo sich der Hahn auf
seiner Stange schüttelt,
O eilig, o eilig, eh die Uhr das letzte Sandkorn hat
gerüttelt!
Er wendet sich, da - horch, ein Klang,
Und wieder einer, schwer und bang!

Und mit dem zwölften Schlage hat der
Wolkenmantel sich gebreitet,
Der immer höher, riesig hoch, sich um die
Himmelskuppel weitet,
Und, horch! - ein langgedehnter Schrei, des Hahnes
mitternächt'ge Klage;
Im selbigen Moment erbebt und lischt der Schein
am Sarkophage,
Und Engel, Drache, Flammenschwert,
Sind in die wüste Nacht gekehrt.

IV

Ho! Gläserklang und Jubelsang und "Hurrah hoch!"
fährt's durch die Scheiben,
Getroffen schwankt der goldne Leu, die Buben aus
einander stäuben,

Und drängen sich und balgen sich das fliegende
                                Confekt zu fangen;
Ein Glas, 'ne Frucht, 'ne Börse gar, die blieb am
                              Speer des Schildes hangen,
Und schreiend nach der Stange sticht
Das kleine gierige Gezücht.

Da klirrt aus des Balkones Thür ein Mann mit Gert'
                              und Eisensporen,
Ihm nach ein Andrer, Flasch' im Arm, in Rausches
                              Seligkeit verloren,
"Gesindel!" ruft der Eine: "halt! ich will euch
                              lehren Börsen stechen!"
"Frisch, Jungens, frisch!" der Andre drauf: "die
                              Birn ist mein, wer kann sie brechen?
Ihn schlag' ich heut', ich, Hans von Spaa,
Zum Ritter von Lumpatia."

"Besinnt euch," spricht der Erste; "was, besinnen?
                              hab ich mich besonnen
Als euer Falber wie'n gestochner Stier
                              zusammenbrach am Bronnen?
Besann ich mich zu zahlen, Herr? o euer Vieh!
                              dreihundert Kronen!"
Die Stimme bricht in trunknem Weh, er schluchzt:
                              "mag euch der Teufel lohnen!"
Und schraubt den Pfropfenzieher ein;
Der Täuscher murmelt finster drein,

Und wendet sich. "He, holla, halt!" schreit's hinter
                              ihm, "nicht von der Stelle!
Hoch euer Galgenmännlein, hoch der kleine
                              rauchige Geselle!
Und wieder hoch! und dreimal hoch! - Alräunchen,
                              Hütchen meinetwegen,
Mag's ferner goldne Eier euch, und Andern todte
                              Bälge legen!"
Der Täuscher lächelt, aschenfahl,
Und schlendert pfeifend in den Saal.

Noch zwei Minuten, und du siehst den Gassenpöbel
                              vor ihm weichen,
Ihn scheu wie ein umstelltes Wild entlang die
                              Häuserreihen streichen:
So schleicht kein Trinker schweren Hirns und
                              freudesatt sich vom Gelage,
So grüßt kein freies Herz, nicht steht auf offner
                              Stirn so trübe Frage;
Man meint, das Thor gewinne jetzt
Ein Schelm, von Gläubigern gehetzt.

Erst als die Fichte ihn umstarrt, an seiner Sohle
                              Nadeln rauschen,
Hat er den Schritt gehemmt und steht, in sich
                              gebeugt, zu lauschen - lauschen -
So lauscht kein Liebender dem Klang der Glocke,
                              die zur Minne ladet,
Kein Kranker so des Priesters Schritt, der mit dem
                              Heilthum ihn begnadet:
Ein Delinquent so lauschen mag
Der letzten Stunde Pendelschlag.

Am Sonnenbrande schlummernd liegt der Wald in
                              des Aroma Wellen,
Und Harz entquillt den Nadeln wie aus Schläfers
                              Wimpern Thränen quellen,
Die sonnentrunkne Klippe nicht, die Vögel träumen
                              von Gesange,
In sich gerollt das Eichhorn liegt, umflattert von
                              dem Franzenhange,
An jeder Nadel weißer Rauch
Verdunstet Terpentines Hauch.

Durch das Gezweig' ein Sonnenstrahl bohrt in des
                              Horchers Scheitellocke,
Die aus dem dunklen Wulste glimmt wie
                              Seegewürmes Feuerglocke;
Er steht und lauscht, er lauscht und steht,
                              vernimmst du nicht ein feines Schrillen,
Ein Rieseln, wie wenn Sandgekörn auf Estrich
                              stäubt duch schmale Rillen?
So scharf es geht, so bohrend ein,
Wie Sensenwetzen am Gestein.

Der Täuscher richtet sich, er seufzt, dann drängend
                              nach des Forstes Mitte,
An eklem Pilze klirrt der Sporn und Blasen
                              schwellen unterm Tritte,
Hier wuchern Kress' und Binsenwust, Gewürme
                              klebt an jedem Halme,
Insektenwirbel wimmelt auf und nieder in des
                              Mooses Qualme,
Und zischend, mit geschwelltem Kamm,
Die Eidechs sucht den hohlen Stamm.

Der Wandrer bricht die Rank', er reißt und wüthet
                              in den Brombeerhecken,
Da seitwärts durch Geröhres Speer erglänzt des
                              Kolkes Dintenbecken,
Ein wüster Kübel, wie getränkt mit schweflichen
                              Asphaltes Jauche,
Langbeinig füßelnd Larvenvolk regt sich in
                              Fadenschlamm und Lauche,
Und faul Spiegel, blau und grün,
Wie Regenbogen drüber ziehn.

In Mitten starrt ein dunkler Fleck, vom Riesenauge
                              die Pupille,
Dort steigt die Wasserlilg' empor, dem Fußtritt
                              lauschend durch die Stille;
Wen sie verlockt mit ihrem Schein, der hat sein
                              letztes Lied gesungen;
Drei Tage suchte man das Kind umsonst in Kraut
                              und Wasserburgen,
Wo Egel sich und Kanker jetzt
An seinen bleichen Gliedchen letzt.

Der Täuscher steht, den Arm verschränkt, und
                              stuurt verdüstert in die Lache,

Sein Haar voll Laub und Kletten bauscht sich
                              finster an der Krempe Dach,

Gleich einem Senkblei scheint der Blick des Kolkes
                            tiefsten Grund zu messen,
Zur Seite schaut er, rückwärts dann, kein Strauch,
                            kein Hälmchen wird vergessen,
Greift dann behend zum Gürtelband
Und hält ein Fläschlein in der Hand.

Kaum hat das Ohr sich überzeugt, im Glase klingle
                            das Gerispel,
Ein Wimmeln kaum das Aug' erhascht, wie
                            spinnefüßelndes Gewispel,
Da, hui! pfeifts im Schwung' und, hui! fährts an der
                            Lilie Krone nieder,
Das Wasser zischt, es brodelt auf, es reckt die
                            modergrünen Glieder,
Und rückwärts, rückwärts sonder Halt
Raschelt der Täuscher durch den Wald.

Erst im Verhaue, wo die Luft spielt mit der Beere
                            Würzarome,
Und auf den goldnen Schwingen trägt das
                            Festgeläut vom nahen Dome,
Dort sinkt er schluchzend auf die Knie, so fest, so
                            fest die Händ' gefaltet,
O selten hat ein Seufzer so des Herzens tiefsten
                            Grund gespaltet!
Was dieser Seufzer trägt, es muß
Sich nahen wie ein glüher Kuß.

Und Zähren Perl' an Perle sich entlang die braunen
                            Wangen schmiegen,
So mochte der verlorne Sohn zu seines Vaters
                            Füßen liegen;
Da plötzlich zuckt der Beter - greift zum Gurte -
                            tastet dann auf's Neue -
Mit dumpfem Laute, klirrend fährt vom Grund er
                            wie ein Wunder Leue,
Und in den Fingen angstgekrampft
Die triefende Phiole dampft!!

V

Tief tiefe Nacht, am Schreine nur der Maus
                            geheimes Nagen rüttelt,
Der Horizont ein rinnend Sieb, aus dem sich
                            Kohlenstaub entschüttelt,
Die Träume ziehen, schwer wie Blei und leicht wie
                            Dunst, um Flaum und Streue,
In Gold der hagere Poet, der dürre Klepper wühlt
                            im Heue,
Vom Kranze träumt die Braut, vom Helm
Der Krieger, und vom Strick der Schelm.

In jener Kammer, wo sich matt der Fenster tiefes
                            Grau schattiret,
Hörst du ein Rieseln, wie die Luft der Steppe zarten
                            Staub entführet?
Und ein Gesäusel, wie im Glas gefangner Bremse
                            Flügel wispelt?

Vielleicht 'ne Sanduhr die verrinnt? ein Mäuschen
                            das im Kalke rispelt?
So scharf es geht, so bohrend ein
Wie Sensenwetzen am Gestein.

Und dort am Hange - Phosphorlicht, wie's kranken
                            Gliedern sich entwickelt?
Ein grünlich Leuchten, das wie Flaum mit hundert
                            Fäden wirrt und prickelt,
Gestaltlos, nur ein glüher Punkt in Mitten wo die
                            Fasern quellen,
Mit klingelndem Gesäusel sich an der Phiole
                            Wände schnellen,
Und drüber, wo der Schein zerfleußt,
Ein dunkler Augenspiegel gleißt.

Und immer krimmelts, wimmelts fort, die grüne
                            Wand des Glases streifend,
Ein glüher gieriger Polyp, vergebens nach der
                            Beute greifend,
Und immer starrt das Auge her, als ob kein
                            Augenlied es schatte,
Ein dunkles Haar, ein Nacken hebt sich langsam an
                            des Tisches Platte,
Dann plötzlich schließt sich eine Hand
Und im Moment der Schein verschwand.

Es tappt die Diel' entlang, es stampft wie
                            Männertritt auf weichen Sohlen,
Behutsam tastend an der Wand will Jemand Rathes
                            sich erholen,
Dann leise klinkt der Thüre Schloß, die
                            losgezognen Riegel pfeifen,
Durch das Gemach, verzitternd, scheu, gießt sich
                            ein matter Dämmerstreifen,
Und in dem Rahmen, duftumweht
Im Nachtgewand der Täuscher steht.

Wie ist die stämmige Gestalt zum sehnenharten
                            Knorren worden!
Wie manches, manches graue Haar schattirt sich an
                            der Schläfe Borden!
O, diese Falten um den Mund, wo leise
                            Kummerzüge lauern -
So mocht an Babels Strömen einst der grollende
                            Prophete trauern,
So der Verfehmte sonder Rast,
Wie Salvator aufgefaßt

Genüber, feingeschnitzelt, lehnt die Gnadenmutter
                            mit dem Kinde,
Das sein vergoldet Händchen streckt wie segnend
                            aus der Mauerspinde,
Und drunter, in Kristall gehegt, von funkelndem
                            Gestein umbunden,
Ein überköstlich Heiligthum, ein Nagel aus des
                            Heilands Wunden;
Zu seiner Ehre Nacht für Nacht
Das Lämpchen am Gestelle wacht.

Nie hat, in aller Schuld und Noth, der Täuscher
                          einen Tag beschlossen,
Daß nicht an dieser Schwelle ihm ein glüher
                          Seufzer wär' entflossen,
Selbst auf der Fahrt, auf nächt'gem Ritt, dämmert
                          sein Auge in die Weite,
Von des Polacken Rücken hat er mühsam sich
                          gebeugt zur Seite,
Und sein beladnes Haupt geneigt
Woher das Kind die Händlein reicht.

Ein scheuer Bettler Tag für Tag so steht er an des
                          Himmels Pforte,
Er schlägt kein Kreuz, er beugt kein Knie, nicht
                          kennt sein Odem Gnadenworte,
Schlaftrunknes Murmeln nur und glüh fühlt er's
                          durch die Phiole ranken,
Die seinem Leibe angetraut wie nagend
                          Krebsgeschwür dem Kranken,
Und von dem kargen Lebensheerd
Ein Jahresscheit ist weggezehrt.

Auch jetzt, in dieser Stunde, steht er lautlos mit
                          gestreckten Knieen,
Nur leises Aechzen und voran! - schau, schau, wie
                          seine Muskeln ziehen!
Voran! - das Heilthum - der Krystall - er lehnt sich
                          an die Wand, er schwindelt,
Und stößt ihn dicht am Heil'genschrein
In der Phiole Siegel ein.

Hui! knallt der Pfropfen, hui, fährt das Glas in
                          Millionen Splitter!
Gewinsel hier, Gewinsel dort und spinnenfüßelndes
                          Geflitter;
Es hackt und prickelt nach dem Mann, der unterm
                          Gnadenbilde wimmert,
Bis Faser sich an Faser lischt, des Centrums letzter
                          Hauch verschimmert,
Und an der Gotteslampe steigt
Das Haupt des Täuschers, schneegebleicht.

VI

Weh, Glockenturm! Trompetenstoß! und Spritzen
                          rasseln durch die Gassen,
Der aufgeschreckte Pöbel drängt und kräuselt sich
                          in wüsten Massen,
Hoch schlägt die Brunst am Giebel auf, Gewieher
                          kreischt aus Stall und Scheunen,
Der Eimer fliegt hinab, hinauf, umhergestoßne
                          Kinder weinen,
Und zögern steigt das Morgenroth
Dem doppelt Glut entgegen loht.

Es war beim ersten Hahnenschrei als alle Bürger
                          aufgeschüttert
Mit Schlossenpfeifen Knall auf Knall; so gräulich
                          hat es nie gewittert!

Grad ob des reichen Böhmen Dach, des Täuschers,
                          ballte sich das Wetter,
Wo Blitz an Blitze niederzuckt, mit
ohrbetäubendem Geschmetter,
Nun überall an Scheun' und Haus
Prasselt der Flammenhaag hinaus.

Im Hof die Knechte hin und her mit Axt und Beilen
                          fluchend rennen,
Wer schob die innern Riegel vor? die Thüren
                          weichen nicht und brennen,
"Der Herr! der Herr!" ruft's hier und dort: "wo ist
                          der Herr!" daß Gott ihm gnade,
An seinem Kammerfenster leckt die Loh' aus der
                          geschlossenen Lade!
Und eben krachte in's Portal
Die Stiege zu dem obern Saal!

Entsetzt Gemurmel läuft umher und schwillt in des
                          Gedränges Wogen,
Dann Alles todtenstill, sie stehn, die Brauen finster
                          eingezogen;
So um den Scheiterhaufen einst gruppirten sich des
                          Südens Söhne:
"Da brennt der Schächer, dessen Vieh das Land
                          verlockt mit fremder Schöne
Und kaum verkauft,   dritten Tag,
Ein todtes Aas im Stalle lag!

Der Gaukler brennt, aus dessen Gurt ein
                          wunderlich Geklingel surrte,
Daß man in rabenschwarzer Nacht ihn kennen
                          mocht' an seinem Gurte,
Der keine Kirche je betrat, vor keinem Gnadenbild
                          sich neigte,
Wenn ihm begegnet Christi Leib von Schwindel
                          stammelt' und erbleichte,
Im gottgesandten Element
Der Täuscher, mit der Kuppel, brennt!"

VII

Am Wiesenhang 'ne Linde steht, so lieblich
                          winkend mit den Zweigen,
Auf jedem Ast ein Voglnest, um jede Blüth' ein
                          Bienenreigen,
Sie scheint den düstern Föhrenwald aus ihren
                          Kelchen anzulächeln,
Das nahen Städtleins Angelus ein säuselnd Ave
                          zuzufächeln,
Und für den nahen Friedhof auch
Hat sie versüßt des Westes Hauch.

Und Blatt an Blatt vom Blüthenzweig verstreut sie
                          auf des Greises Stirne,
Der in dem Wurzelmoose lehnt sein Haupt mit
                          siedendem Gehirne;
Zur Seite liegt der Stab, gefüllt mit Bettelbrode
                          liegt der Ranzen,

Und Schemen hier und Schemen dort mit
                         Elfenschritten drüber tanzen,
Wie sie der Brust geheimster Hut
Entschlüpfen in des Fiebers Glut.

Den Anger seiner Kindheit sieht er in den
                         Lindenzweigen spielen,
Die süße Heimat, und das Haupt der Eltern auf den
                         Sterbepfühlen;
Was er verloren und erstrebt, was er gesündet und
                         getragen,
Wie Eine Nacht sein Haar gebleicht, die eignen
                         Knechte ihn geschlagen.
O Nacht, die Ehre, Kräfte, Hab'
Zerbrach und ihm die Seele gab!

Er sieht sein faltiges Gesicht im Wasserspiegel
                         widerscheinen
Wie er sich selber nicht erkannt, und kindisch dann
                         begann zu weinen;
Ach, all die Thränen, so nachher aus tiefrer Quelle
                         sind geflossen,
Ob sie ihn Christi Blut vereint? des Himmels
                         Pforten aufgeschlossen?
Wohl Schweres trug er mit Geduld,
Doch willenlos, durch eigne Schuld!

Mit vierzig Jahren siecher Greis, ist er von Land zu
                         Land geschlichen,
Hat seines Namens Fluch gehört und ist zur Seite
                         scheu gewichen,
Aus mancher Hand, die ihm gedient, hat er das
                         Bettelbrod gebrochen,
Und ist, ein todeskranker Mann, an dieses Hügels
                         Bug gekrochen,
An diesen Hügel - ew'ge Macht!
Er schaudert auf; - Sylvesternacht!

Der Föhrenwald - das öde Haus - dort stand der
                         Priester, dort am Hagen -
O, in der Sterbestunde hat sein irrer Fuß ihn
                         hergetragen,
Das ist kein Schemen, dieses nicht; dort streckt
                         Sankt Michael die Flügel,
Dort kreucht am Fußgestell der Drach' und schlägt
                         die Kralle in den Hügel;
Des Greises Auge dunkelt, wild
Die Agonie zum Haupte quillt.

Das Buch - das Buch - er sieht das Buch - o
                         Gottesmutter, Gnade! Gnade!
Er liebte dich, er liebte dich in Sünd' und Schmach!
                         - gleich einem Rade
Die Zeichen kreisen - Gott, o Gott, er sieht ein
                         Händchen niederreichen,
Mit leisem goldnen Fingerzug die blutgetränkten
                         Lettern streichen!
Und auf des Täuschers bleichen Mund
Ein Lächeln steigt in dieser Stund`.

Um Mittag hat der Mähder ihn am Lindenstamme
                         aufgehoben,
Und in des Karrens Futtergrün dem Leichenhause
                         zugeschoben,
Auf der Gemeinde Kosten ist ein grobes
                         Sterbehemd bereitet,
Ein kurzer träger Glockenschlag hat zu der Grube
                         ihn geleitet,
wo sich der Engelsflügel neigt
Und nicht des Drachen Kralle reicht.

BILDTEIL

Das Fegefeuer des westphälischen Adels, 1993

Das Fegefeuer des westphälischen Adels, 1993

Das Fegefeuer des westphälischen Adels, 1993

Der Fundator, 1993

Der Fundator, 1993

Vorgeschichte (SECOND SIGHT), 1993

Der Graue, 1993

Der Graue, 1993

Das Fräulein von Rodenschild, 1993

Das Fräulein von Rodenschild, 1993

Der Geyerpfiff, 1993

Die Schwestern, 1993

Die Schwestern, 1993

Die Schwestern, 1993

Meister Gerhard von Cöln, 1993

Meister Gerhard von Cöln, 1993

Die Vergeltung, 1993

Der Mutter Wiederkehr, 1993

Der Mutter Wiederkehr, 1993

Der Mutter Wiederkehr, 1993

Der Schloßelf, 1993

Der Schloßelf, 1993

Der SPIRITUS FAMILIARIS des Roßtäuschers, 1993

Der SPIRITUS FAMILIARIS des Roßtäuschers, 1993

Der SPIRITUS FAMILIARIS des Roßtäuschers, 1993

Bernhard Scholz

Bernhard Scholz wurde 1946 in Münster, Westfalen, geboren. Der Künstler lebt und arbeitet in Aulendorf bei Billerbeck.

Ausstellungen

1975

Zeichnungen zur griechischen Mythologie
Haus "Winfridia", Münster

1975

Erzählende Bilder der westfälischen Landschaft
Coesfelder Turmgalerie

1977

Der abenteuerliche Simplicissimus
Zimmertheater Münster

1984

Visionen der Wiedertäuferzeit
Stadtarchiv Münster

1988

Neue Bilder von Bernhard Scholz
Stadtsparkasse Billerbeck

1993

Bilder zum Werk Annette von Droste-Hülshoffs
Kulturzentrum der Stadt Billerbeck

1994

Bilder zum Werk Annette von Droste-Hülshoffs
Fachhochschule für Design, Münster
Torhaus-Galerie

1994

Bilder zu Gedichten der Droste
Bökerhof-Gesellschaft, Sparkasse Höxter mit Sitz in Brakel
in Verbindung mit der Annette von Droste-Gesellschaft, Münster

Verzeichnis der Abbildungen

Wenn keine besondere Nennung erfolgte, sind die Werke aus dem Besitz von Leihgebern, die ungenannt bleiben möchten.

Die Jagd, 1993
Ölkreide, Bleistift, Aquarell
auf weißem Karton
29,7 × 42 cm
13

Die Vogelhütte, 1993
Ölkreide, Bleistift, Aquarell
auf weißem Karton
29,7 × 42 cm
14

Kinder am Ufer, 1993
Ölkreide, Bleistift, Aquarell
auf weißem Karton
29,7 × 42 cm
15

Der Hünenstein, 1993
Ölkreide, Bleistift, Aquarell
auf weißem Karton
42 × 59,4 cm
16

Der Hünenstein, 1993
Ölkreide, Bleistift, Aquarell
auf weißem Karton
42 × 59,4 cm
17

Die Mergelgrube, 1993
Ölkreide, Bleistift, Aquarell
auf weißem Karton
42 × 59,4 cm
18

Der Haidemann, 1993
Ölkreide, Bleistift, Aquarell
auf weißem Karton
42 × 59,4 cm
19

Die Krähen, 1992
Ölkreide, Bleistift, Aquarell
auf weißem Karton
104 × 65 cm
20/21

Das Haus in der Haide, 1993
Ölkreide, Bleistift, Aquarell
auf weißem Karton
21 × 29,7 cm
22

Die Schenke am See, 1993
Ölkreide, Bleistift, Aquarell
auf weißem Karton
42 × 59,4 cm
23

Am Thurme, 1993
Ölkreide, Bleistift, Aquarell
auf weißem Karton
42 × 59,4 cm
24

Im Moose, 1993
Ölkreide, Bleistift, Aquarell
auf weißem Karton
42 × 59,4 cm
25

Am Bodensee, 1993
Ölkreide, Bleistift, Aquarell
auf weißem Karton
42 × 59,4 cm
26

Brennende Liebe, 1993
Ölkreide, Bleistift, Aquarell
auf weißem Karton
42 × 59,4 cm
27

Der kranke Aar, 1993
Ölkreide, Bleistift, Aquarell
auf weißem Karton
42 × 59,4 cm
28

Neujahrsnacht, 1993
Ölkreide, Bleistift, Aquarell
auf weißem Karton
42 × 59,4 cm
29

Der Theetisch, 1993
Ölkreide, Bleistift, Aquarell
auf weißem Karton
42 × 59,4 cm
30

Der Tod des Erzbischofs Engelbert von Cöln, 1993
Ölkreide, Bleistift, Aquarell
auf weißem Karton
42 × 59,4 cm
31

Der Tod des Erzbischofs Engelbert von Cöln, 1993
Ölkreide, Bleistift, Aquarell
auf weißem Karton
42 × 59,4 cm
32

Das Fegefeuer des westphälischen Adels, 1993
Ölkreide, Bleistift, Aquarell
auf weißem Karton
42 × 59,4 cm
81

Das Fegefeuer des westphälischen Adels, 1993
Ölkreide, Bleistift, Aquarell
auf weißem Karton
42 × 59,4 cm
82

Das Fegefeuer des westphälischen Adels, 1993
Ölkreide, Bleistift, Aquarell
auf weißem Karton
42 × 59,4 cm
83

Der Fundator, 1993
Ölkreide, Bleistift, Aquarell
auf weißem Karton
42 × 59,4 cm
84

Der Fundator, 1993
Ölkreide, Bleistift, Aquarell
auf weißem Karton
42 × 59,4 cm
85

Vorgeschichte (SECOND SIGHT), 1993
Ölkreide, Bleistift, Aquarell
auf weißem Karton
42 × 59,4 cm
86

Der Graue, 1993
Ölkreide, Bleistift, Aquarell
auf weißem Karton
42 × 59,4 cm
87

Der Graue, 1993
Ölkreide, Bleistift, Aquarell
auf weißem Karton
42 × 59,4 cm
88

Das Fräulein von Rodenschild, 1993
Ölkreide, Bleistift, Aquarell
auf weißem Karton
29,7 × 42 cm
89

Das Fräulein von Rodenschild, 1993
Ölkreide, Bleistift, Aquarell
auf weißem Karton
29,7 × 42 cm
90

Der Geyerpfiff, 1993
Ölkreide, Bleistift, Aquarell
auf weißem Karton
29,7 × 42 cm
91

Die Schwestern, 1993
Ölkreide, Bleistift, Aquarell
auf weißem Karton
42 × 59,4 cm
92

Die Schwestern, 1993
Ölkreide, Bleistift, Aquarell
auf weißem Karton
42 × 59,4 cm
93

Die Schwestern, 1993
Ölkreide, Bleistift, Aquarell
auf weißem Karton
42 × 59,4 cm
94

Meister Gerhard von Cöln, 1993
Ölkreide, Bleistift, Aquarell
auf weißem Karton
42 × 59,4 cm
95

Meister Gerhard von Cöln, 1993
Ölkreide, Bleistift, Aquarell
auf weißem Karton
42 × 59,4 cm
96

Die Vergeltung, 1993
Ölkreide, Bleistift, Aquarell
auf weißem Karton
42 × 59,4 cm
97, 1993

Der Mutter Wiederkehr, 1993
Ölkreide, Bleistift, Aquarell
auf weißem Karton
42 × 29,7 cm
98

Der Mutter Wiederkehr, 1993
Ölkreide, Bleistift, Aquarell
auf weißem Karton
42 × 29,7 cm
99

Der Mutter Wiederkehr, 1993
Ölkreide, Bleistift, Aquarell
auf weißem Karton
42 × 29,7 cm
100

Der Schloßelf, 1993
Ölkreide, Bleistift, Aquarell
auf weißem Karton
42 × 59,4 cm
101

Der Schloßelf, 1993
Ölkreide, Bleistift, Aquarell
auf weißem Karton
42 × 59,4 cm
102

Der SPIRITUS FAMILIARIS des Roßtäuschers, 1993
Ölkreide, Bleistift, Aquarell
auf weißem Karton
42 × 59,4 cm
103

Der SPIRITUS FAMILIARIS des Roßtäuschers, 1993
Ölkreide, Bleistift, Aquarell
auf weißem Karton
42 × 59,4 cm
104

Der SPIRITUS FAMILIARIS des Roßtäuschers, 1993
Ölkreide, Bleistift, Aquarell
auf weißem Karton
42 × 59,4 cm
105

Alphabetisches Verzeichnis der Gedichtüberschriften und Gedichtanfänge

Als jüngst die Nacht dem sonnenmüden Land	45
Am Bodensee	46
Am dürren Baum, im fetten Wiesengras	47
Am Thurme	45
Brennende Liebe	47
Das Fegefeuer des westphälischen Adels	52
Das Fräulein von Rodenschild	58
Das Haus in der Haide	43
Der Anger dampft, es kocht die Ruhr	50
Der Fundator	53
Der Geyerpfiff	59
Der Graue	56
Der Haidemann	42
Der Hünenstein	38
Der Kapitän steht an der Spiere	65
Der kranke Aar	47
Der Mutter Wiederkehr	67
Der Schloßelf	69
Der SPIRITUS FAMILIARIS des Roßtäuschers	70
Der Theetisch	49
Der Tod des Erzbischofs Engelbert von Cöln	50
Die Jagd	35
Die Krähen	40
Die Luft hat schlafen sich gelegt	35
Die Mergelgrube	39
Die Schenke am See	44
Die Schwestern	61
Die Vergeltung	65
Die Vogelhütte	36
Du frägst mich immer von neuem, Marie	67
Geht, Kinder, nicht zu weit in's Bruch	42
Heiß, heiß der Sonnenbrand	40
Ich steh' auf hohem Balkone am Thurm	45
Im grauen Schneegestöber blassen	48
Im Moose	45
Im Walde steht die kleine Burg	56
Im Westen schwimmt ein falber Strich	53
In monderhellten Weihers Glanz	69
Ist's nicht ein heit'rer Ort, mein junger Freund	44
Kennst du die Blassen im Haideland	55
Kinder am Ufer	37
Läugnen willst du Zaubertränke	49
Meister Gerhard von Cöln	64
Neujahrsnacht	48
Nun still! - Du an den Dohnenschlag!	59
O sieh doch! siehst du nicht die Blumenwolke	37
Regen, Regen, immer Regen! will nicht das Geplätscher enden	36
Sacht pocht der Käfer im morschen Schrein	61
Sind denn wo schwül die Näct' im April?	58
So hat er sich umsonst gequält, umsonst verkauft die werthe Stätte	72
Stoß deinen Scheit drei Spannen in den Sand	39
Ueber Gelände, matt gedehnt	46
Und willst du wissen, warum	47
Vorgeschichte (SECOND SIGHT)	55
Wenn in den linden Vollmondnächten	64
Wie lauscht, vom Abendschein umzuckt	43
Wo der selige Himmel, das wissen wir nicht	52
Zur Zeit der Scheide zwischen Nacht und Tag	38

Alphabetisches Verzeichnis der Bilder

Am Bodensee	26
Am Thurme	24
Brennende Liebe	27
Das Fegefeuer des westphälischen Adels	81-83
Das Fräulein von Rodenschild	89, 90
Das Haus in der Haide	22
Der Fundator	84, 85
Der Geyerpfiff	91
Der Graue	87, 88
Der Haidemann	19
Der Hünenstein	16, 17
Der kranke Aar	28
Der Mutter Wiederkehr	98-100
Der Schloßelf	101, 102
Der SPIRITUS FAMILIARIS des Roßtäuschers	103-105
Der Theetisch,	30
Der Tod des Erzbischofs Engelbert von Cöln	31, 32
Die Jagd	13, 14
Die Krähen	20
Die Mergelgrube	18
Die Schenke am See	23
Die Schwestern	92-94
Die Vergeltung,	97
Die Vogelhütte	14
Im Moose	25
Kinder am Ufer	15
Meister Gerhard von Cöln	95, 96
Neujahrsnacht	29
Vorgeschichte (SECOND SIGHT)	86